IDEIAS E AFETOS:
A CLÍNICA DOS COMPLEXOS

SATTVA EDITORA

contato@sattvaeditora.com.br
www.sattvaeditora.com.br

Editora: **Vivian Lerner**

Projeto gráfico, diagramação e capa: **Luiz Zonzini**

Revisão: **Paula Perrone**

Ideias e afetos: a clínica dos complexos

IJUSP
Diretor presidente: Candido Vallada
Diretor financeiro: David Butler
Diretora administrativa: Maria Paula B. Perrone
Diretora de comunicação: Márua Pacce
Diretor de ensino: Ricardo P. Souza

Dados Internacionais de Catalogação na Publicação (CIP)
(Câmara Brasileira do Livro, SP, Brasil)

Ideias e afetos : a clínica dos complexos / organizadores Paula Perrone, Candido Vallada. -- São Paulo : Sattva Editora, 2018. -- (Coleção Simpósios IJUSP ; 1)

Na pág. de rosto: IJUSP - Instituto Junguiano de São Paulo.
Vários autores.
Bibliografia.
ISBN 978-85-67977-31-7

1. Arquétipo (Psicologia) 2. Complexos (Psicologia) 3. Jung, Carl G. 1875-1961 - Psicologia analítica 4. Psicanálise 5. Simpósio de Psicologia Junguiana do IJUSP (9. : 2017 : São Paulo) I. Perrone, Paula. II. Vallada, Candido. III. Série.

18-14329 CDD-150.1954

Índices para catálogo sistemático:

1. Psicologia junguiana 150.1954

COLEÇÃO SIMPÓSIOS IJUSP

IDEIAS E AFETOS:
A CLÍNICA DOS COMPLEXOS

Organizadores
CANDIDO VALLADA
PAULA PERRONE

SATTVA EDITORA

IJUSP
INSTITUTO JUNGUIANO DE SÃO PAULO

2018

SUMÁRIO

IX SIMPÓSIO DE PSICOLOGIA JUNGUIANA
DO IJUSP - 2017

IDEIAS E AFETOS: A CLÍNICA DOS COMPLEXOS

21.10.2017

PREFÁCIO

Candido Pinto Vallada

Temos várias notícias a dar.

A mais importante, por tratar-se deste exato livro que você está lendo, é o seu lançamento, que inaugura a série *Simpósios IJUSP* e que irá transformar em publicação impressa os trabalhos apresentados durante os simpósios anuais do IJUSP - Instituto Junguiano de São Paulo, membro da AJB - Associação Junguiana do Brasil e da IAAP-International Association for Analytical Psychology. Já em sua 9ª edição o Simpósio de 2017 tratou do tema dos complexos, através da chamada: *Ideias e afetos: a clínica dos complexos*.

Outra boa notícia é sobre a nossa antiga sede, que nos acolhia no pequeno mas jeitoso conjunto da Rua Deputado Lacerda Franco, da qual nos despedimos depois de quase 15 anos. Nosso instituto vem crescendo e um lugar com mais espaço se fazia necessário. Agora, em nova localização, à Rua Simão Álvares, 526, também em Pinheiros, num ambiente cinco vezes mais amplo, os horizontes para novas realizações também se ampliam.

A nova turma de formação selecionada no segundo semestre de 2017 começa seu curso em 2018.

A *SELF*, nossa revista eletrônica, totalmente gratuita, vem batendo recordes após recordes de acessos provindos dos mais remotos lugares do planeta e já é indexada internacionalmente, aceitando artigos em português, espanhol e inglês.

Queremos destacar o número 13, edição 2017 dos *Cadernos Junguianos* – com o tema: *Ampliando as fronteiras do pensamento junguiano*, publicação anual da AJB – a nossa associação nacional, que vem gradativamente disponibilizando em versão digital os números já esgotados.

Outro fato de grande relevância foi a realização do *XXIV Congresso da AJB* de 2017, este ano organizado pelo Instituto Junguiano do Paraná – IJPR, na cidade de Foz do Iguaçu, com a força e a beleza das cataratas como cenário, com o tema *Fronteiras* e a participação de uma assistência de mais de 400 congressistas.

Um tributo à nossa estimada colega e amiga Dra. Priscila Menegon Castrucci Caviglia que deixou o nosso convívio em 15 de setembro de 2017, após um ano lutando bravamente contra uma afecção avassaladora. Sua trajetória como companheira desde a fundação da AJB – Associação Junguiana do Brasil e do IJUSP – Instituto Junguiano de São Paulo é uma lembrança que ficará em todos os nossos corações. Sem sua participação não teríamos chegado até onde chegamos.

Bem, cá estamos publicando os trabalhos apresentados no nosso *IX Simpósio de Psicologia Junguiana, 2017*. O tema deste ano despertou uma certa resistência inicial para ser escolhido. É compreensível. Trata-se de uma questão nada simples na trajetória psicológica de Jung.

Assunto pouco sedutor. Nada fotogênico. Muito ao contrário. Sabemos que se trata de um conceito que foi explorado e pesquisado durante muitos anos e muitos ensaios e portanto, bastante complexo na sua estrutura e na sua abordagem clínica. Mas não há dúvida de que acertamos. A afluência foi grande, como se pôde comprovar. Conversar sobre temas difíceis é uma oportunidade que temos de ultrapassar certas barreiras e superar alguns preconceitos, avançando assim em nosso esforço de compreensão dessa nossa psique humana que nos é tão ou mais desconhecida do que o próprio universo no qual estamos mergulhados. A escolha do tema acabou nesse enfoque devido à importância dos complexos em nossa vida psíquica.

De um modo geral estamos mais acostumados a discorrer sobre a psicologia junguiana falando em símbolos, arquétipos, *animus*, *anima*, sonhos, imaginação ativa, tipologia, sincronicidade, alquimia, inconsciente pessoal e coletivo, *persona*. Todos esses termos do conhecido jargão junguiano. Mas e os complexos?

Jung então com 27 anos, já tendo defendido sua tese Sobre a Psicologia e Patologia dos Fenômenos Chamados Ocultos, onde já utilizava o termo complexo, mas de uma forma pouco elaborada, lançou-se a um novo campo de pesquisa, o das associações de palavras, incentivado por Bleuler (o mesmo que, redescrevendo a demência precoce rebatizou-a de esquizofrenia) que era o responsável pelo Burghölzli, o Hospital de Saúde Mental da Clínica Psiquiátrica da Universidade de Zurique.

No início dessas pesquisas Jung, juntamente com Riklin, chamou de complexo: "uma coleção de várias ideias que se mantinham unidas por um tom emocional comum a todas elas", a *gefühlsbetonter Vortellungskomplex* (complexo de representações emocionais ou simplesmente complexo). Já havia uma melhor elaboração do conceito, baseada nos famosos testes de associação de palavras que serviram de base para os conhecidos detectores de mentiras.

A psicologia junguiana, conhecida por psicologia analítica, que Jung cunhou no início dos seus trabalhos, também conhecida por psicologia profunda, passou a ser chamada por ele de psicologia complexa a partir dos anos 30, não só por causa dos complexos, mas também porque Jung percebeu que a psique é complexa. O conceito de complexo é fundamental no trabalho clínico, mas também é importante nos mais diferentes campos de atuação do ser humano como na cultura, espiritualidade, nas suas relações consigo mesmo e com o outro.

Originado na psiquiatria o trabalho de Jung inclui vários outros campos do conhecimento como a mitologia, história, estudo das religiões, antropologia, biologia, física, alquimia, medicina, filosofia e inúmeros outros mais porque a psicologia transcende a ela própria. Ela não consegue coabitar consigo mesma apenas. Isso fez com que Jung sentisse a necessidade de explorar outras áreas em busca de respostas.

Com as teorias dos arquétipos e dos tipos psicológicos, Jung enriquece sua teoria dos complexos que nunca se apresentou em nenhum momento de forma sistematizada, pronta e acabada, mas sofrendo as alterações advindas de novas perspectivas da psique que conseguia descortinar. Quando Jung coloca então o complexo como possuidor de um núcleo arquetípico, ele o coloca como provindo do inconsciente coletivo, a camada mais profunda do nosso inconsciente, além do inconsciente pessoal, comum a toda a humanidade, que é constituído exatamente desses arquétipos que são formas arcaicas que usamos para desenvolver nossas experiências psíquicas a partir delas (arquétipo da *anima*, do *animus*, da mãe, do pai, do herói, e incontáveis outros).

Sua teoria da energia psíquica colabora no entendimento dos bloqueios energéticos que os complexos provocam na disponibilidade dessa energia ao livre funcionamento da psique. Isso porque os complexos são grandes concentradores de energia e quando constelados por um acontecimento mobilizador, invadem a consciência independente da nossa vontade: são os atos falhos, as crises de explosão emocional, as paixões. A tendência é responsabilizar os outros pelos nossos males. Segundo Jung o complexo é constituído por um elemento nuclear ou portador de significado (um arquétipo - ativado por um acontecimento significativo), estando fora do controle da vontade consciente, ele é inconsciente e não dirigível; em segundo lugar, o complexo é constituído por uma série de associações ligadas ao núcleo, oriundas da disposição original da pessoa, e em parte das vivências provindas da interação com o meio ambiente. Como são emocionalmente irmanados e com a tendência a aumentar, os complexos adquirem tal autonomia frente à nossa vontade que é por isso que Jung chegou a afirmar que não somos nós que temos complexos, mas são eles que nos têm. Em 1934 Jung também afirmou, se contrapondo a Freud, que a via régia para o inconsciente não eram os sonhos, mas os complexos. Eles são conteúdos que se manifestam provindos do inconsciente, para o bem ou para o mal, dependendo da relação que consigamos estabelecer com eles.

Essas são algumas colocações que servem como aperitivo que esperamos tenha aberto o apetite para a leitura dos trabalhos desse simpósio. Eles foram dispostos dos teóricos seguidos pelos clínicos.

O COMPLEXO: SUA DUPLA FACE

Glauco Ulson

Se meus demônios me abandonarem,
temo que meus anjos desapareçam também
Rainer Maria Rilke

O conceito de complexo é uma das contribuições mais importantes de Jung, não só à psicologia analítica, bem como a toda a psicologia moderna. Juntamente com os conceitos de arquétipos, inconsciente coletivo, sombra, *Self*, *anima-animus*, individuação e tantos outros, formam verdadeiros pilares da sua psicologia.

A palavra complexo, como ela hoje é utilizada no seu significado psicológico, transcende o âmbito da psicologia e faz parte do nosso vocabulário cotidiano. Seu emprego pode variar segundo o contexto, mas remete, invariavelmente, ao significado que Jung introduziu, logo no início de seus trabalhos. Quase todos os grandes psicólogos e psiquiatras posteriores a Jung utilizaram esse conceito para expressar essa ideia central da psicologia analítica.

Inicialmente o complexo esteve associado à ideia de trauma psíquico. A palavra trauma é de origem grega e significa ferida. É amplamente utilizada na medicina grega desde os tempos de Hipócrates, no V século a.C. Neste período estava sempre associada a uma ferida corporal, física. Este termo foi introduzido na psicologia a partir dos trabalhos de Friederich Anton Mesmer sobre o que ele denominou de magnetismo animal e, posteriormente, ficou conhecido como hipnotismo.

Continuando nessa linha de ir em busca do trauma que era responsável pela doença psíquica, dois grandes nomes da psicologia da época construíram teorias a respeito da psicogênese das doenças mentais : o francês Pierre Janet e o médico austríaco Sigmund Freud. Inicialmente Freud tentava provar que esses traumas eram, invariavelmente, de ordem sexual enquanto para Janet tinham origens diversas. Ambos influenciaram as pesquisas de Jung, porém o núcleo de sua visão da psique já estava definido desde sua tese de doutorado, onde determinava as premissas que manteria até o final de sua vida.

Primeiro: que nossa psique não era tão una e homogênea como aparentava ser. Estudando um caso de uma medium que, por sinal, era sua prima e que apresentava um diagnóstico de hysteria demonstrou que, na realidade, ela continha muitas personalidades dentro de uma mesma pessoa. Na verdade, conviviam vários indivíduos distintos, com comportamentos e, até mesmo, nomes próprios. E muito do que era possível observar poderia ser explicado através da história pessoal da paciente e outros aspectos iam além de seu ego pessoal e adquiriam uma dimensão coletiva. Para que essas diversas individualidades se manifestassem era necessário que houvesse um relaxamento do controle da consciência do paciente, como acontecia no transe hipnótico, durante as sessões de hipnotismo.

Jung comparou esse estado de consciência ao que seu colega Pierre Janet descreveu como *abaissement du niveau mental*. A esses conteúdos psíquicos autônomos, que parte eram conscientes e que tinham uma raiz profunda no inconsciente, Jung chamou de complexos ideo-afetivos ou, simplesmente, complexos.

Um estudo sistemático desses complexos levou Jung à conclusão que tinham sempre no seu núcleo um tema comum e que esses temas eram os mesmos que se podia observar nos mitos, nas religiões, nos sonhos, nos contos de fadas... Jung chamou esses padrões universais de expressão da alma humana, de arquétipos. Como animais que somos temos reações instintivas; como humanos que somos, temos num plano de consciência mais elevado, reações arquetípicas. Nesse sentido todo complexo contém um núcleo arquetípico.

O arquétipo em si é pura energia em estado potencial, ou virtual. Quando ativado ou constelado penetra na consciência e se torna um complexo, adquirindo forma e conteúdos afins a essa consciência. O arquétipo é um conceito limite entre o inconsciente e a consciência, entre o corpo e a psique. Como o arquétipo, o complexo possui uma energia e um dinamismo próprios. Eles contêm padrões de reação que transcendem ao pessoal e expressam uma experiência adquirida ao longo da história da humanidade.

Nessa pluralidade de indivíduos dentro de um mesmo indivíduo, existe um com o qual a pessoa mais se identifica e que é o nosso ego, centro de nossa consciência. Jung considera o ego como um complexo, dentre outros.

Ao longo de nosso desenvolvimento psíquico, arquétipos estão sendo ativados, e outros desativados. Vai havendo, segundo as etapas da vida, uma hierarquia de importância desses complexos. Na infância os arquétipos parentais são de grande importância, depois vão perdendo espaço para outros arquétipos, para o da *anima-animus*, por exemplo.

Os arquétipos, enquanto conteúdos latentes, ou no estado de potência, são unos, mas, quando penetram na consciência, adquirem a característica da dualidade que caracteriza nossa consciência egoica. O ego vive na dimensão da existência, isto é, do tempo do espaço e da causalidade. E isso determina vivermos entre os pares de opostos: bem-mal, certo-errado, dentro-fora...

Da mesma forma que temos que lidar com uma série de indivíduos que nos cercam no nosso mundo exterior, devemos lidar com esses personagens que povoam nosso mundo interior. E pior, pelo fato do nosso mundo interior se misturar com nosso exterior, ambos se contaminam e se influenciam. Nosso pai externo se mistura e se alterna com nosso complexo paterno e, por uma série de projeções, fica às vezes difíci ter-se uma pretensa objetividade.

Uma das características fundamentais dos complexos é sua autonomia. Numa linguagem metafórica poderíamos dizer que o arquétipo é a semente e o complexo é a árvore. Dependendo da semente a árvore pode ser um arbusto ou uma árvore imensa. Dependendo do solo, esta árvore poderá crescer mais lentamente, ou rapidamente. Nesse solo estão as condições que vão alimentar este complexo.

À medida que o ego amadurece e se fortalece, ele exerce um controle maior sobre os complexos, e deixa de ser possuído pela ação deles. Os complexos são parcialmente conscientes e parcialmente inconscientes.

Como identificar os arquétipos que estão em ação sobre nossa psique?

Em 1961, Jung afirma que os sonhos continuam sendo a via régia para se chegar ao inconsciente. Ao longo de sua vida, Jung desenvolveu diversas técnicas para se lidar com os complexos: desenhos, imaginação ativa, *sand play*, transferência, modelagem etc... É sempre mais fácil lidar com eles através da projeção.

Outra característica fundamental do complexo é a personificação, que gera como consequência, a autonomia do complexo, e esta pode levar à possessão.

Para entender melhor este aspecto do complexo é importante lembrarmos o dito de Shakespeare no Hamlet: O mundo é um palco e todos os homens e mulheres não passam de meros atores. Eles entram e saem de cena e, cada um no seu tempo, representa diversos papéis.

Dentre esses vários atores que entram e saem de cena nas nossas vidas e que representam diversos aspectos de nossa personalidade, uns são mais nobres, mais criativos, de princípios e valores mais elevados; outros, mais rústicos, sombrios e vis. Os primeiros, que estão mais voltados à consciência ou representam aspectos artísticos e espirituais, chamaríamos de complexos positivos ou criativos; os outros, de destrutivos ou patológicos.

Não quero estabelecer aqui uma visão maniqueísta de complexos, uns exclusivamente positivos, e outros, exclusivamente negativos. Sabemos que a vida precisa dos contrários para se chegar à totalidade, e eles se complementam mutuamente. Mas, vistos dentro de determinados contextos, podemos identificar complexos prospectivos, que atuam no sentido de ampliação e elevação de estados de consciência, e outros, regressivos e destrutivos, com relação à consciência, ou mesmo, à Vida. Embora nossas vidas transcorram num jogo de luz e sombra, nossa consciência tem, como a maioria das plantas, um tropismo para a luz.

Desde a antiguidade as grandes tradições espirituais identificaram esses complexos como seres intermediários, como anjos e demônios.

A palavra *daimon*, em sua origem grega, tinha um aspecto positivo, como no *daimon* de Sócrates, que se manifestava sempre, toda vez que ele fosse cometer um erro grave, e tentava impedi-lo de fazê-lo.

Na Grécia as musas tinham esse aspecto de seres intermediários criativos, inspirando os artistas para realizarem suas obras de arte.

No universo simbólico cristão temos a imagem de Satanás tentando Jesus no deserto, ou induzindo Judas e entregá-lo para os seus algozes. Do mesmo modo temos o encontro de Paulo com Cristo na estrada de Damasco e, a partir daí, sua influência sobre ele foi crescendo de tal forma que não era mais ele, Paulo, que agia, mas sim, Cristo que agia dentro dele.

O culto e devoção a santos e santas no cristianismo católico, têm a função de fortalecer esses complexos criativos e curativos, protegendo e ajudando a enfrentar as agruras e tribulações de nossas vidas. Cristo, com seu duplo aspecto, humano e divino , atua como símbolo intermediário entre o ego e o *Self*.

Historicamente vemos, desde os povos mais arcaicos, a imagem do xamã, que faz a ponte entre o ego e o arquétipo central, que Jung chamou de *Self*, e que representa nossa essência divina.

No campo das artes e ofícios temos a figura do mestre que, com o tempo, vai sendo introjetado pelo discípulo até se tornar um complexo autônomo que dirige o discípulo à sua realização. Muitas vezes este complexo de luz tem o mesmo sexo da pessoa, como Buda para seus discípulos, ou do sexo oposto, como a Virgem Maria para seus devotos, ou Beatrice para Dante Alighieri. Do outro lado, como complexos sombrios, poderíamos lembrar Lady Mac Beth ou Otelo, nas peças de Shakespeare.

Enquanto os complexos negativos levam à dissociação psíquica, os complexos positivos levam à integração dos diversos conteúdos psíquicos.

No caso de Van Gogh, por exemplo, vemos dois complexos poderosíssimos atuando em conjunto: um extremamente criativo que produzia seus quadros maravilhosos, e outro, sombrio, que o levou à psicose e à morte. Podemos dizer que o de luz acabou vencendo, e sua luz brilha, ainda agora, e por toda a eternidade. Ele viveu um drama parecido com o de Cristo, e a Luz venceu a Sombra. A Vida venceu a Morte. A vida pessoal de Van Gogh passou, através de seus quadros, a vivificar a humanidade inteira. Podemos ver nisso a encarnação de Deus, ainda acontecendo, aqui e agora.

No nosso cotidiano nos deparamos o tempo todo com complexos. O do mestre, que nos transmite não somente conhecimentos mas, principalmente, experiência, valores, exemplo de conduta etc... O do sacerdote, que age como mediador entre a dimensão do sagrado e do profano, assumindo a forma do pastor, do padre, do pai de santo, do rabino, segundo o contexto religioso e a tradição espiritual a que ele pertence.

Na nossa profissão de analista o complexo quase sempre presente é o do terapeuta. Esse está sempre relacionado ao do paciente ou analisando. Durante o processo terapêutico, vivemos na relação analítica, através de fenômenos projetivos, a transferência e a contratransferência. Como todos os complexos, eles se apresentam ora no seu aspecto positivo, ora no seu aspecto negativo. Nessa relação, é importante que o analista identifique no seu paciente os dons e talentos que ele traz em potencial e seus aspectos destrutivos. No conduzir da análise, procuramos desativar aspectos destrutivos e regressivos e promover os aspectos prospectivos e criativos.

Nesse trabalho, devemos estar sempre atentos para não assumirmos uma posição preestabelecida frente às manifestações do inconsciente. Isso se dá à medida que deixamos o processo ser conduzido pelo *Self*, em que o ego aceita uma função de coadjuvante e facilitador do desabrochar da personalidade como um todo.

Ao longo do processo analítico é importante ativarmos o complexo do analista interno, para que, após o término, e mesmo durante a análise, ele continue a agir, fazendo internamente o trabalho que o terapeuta desempenha durante o processo da análise. Como Jung insistia, é normal ter complexos, e o que determina uma patologia é a maneira com que lidamos com eles.

Para finalizar gostaria de lembrar que o ego determina nossa dimensão pessoal, tão necessária para nos adaptarmos a este mundo concreto, enquanto o *Self* determina nossa dimensão coletiva e transcendente. O *Self*, como arquétipo central, é a origem e o fim de todo o nosso processo, e como tal, é o Alfa e o Ômega de nossa vida psíquica.

Referências bibliográficas

JUNG, C.G. *The Collected Works of C. G. Jung*, traduzidos para o inglês por Hull, editados H. Read, M. Fordham, G. Adler e Wm. McGuire. Princeton: Princeton University Press, Bollingen Series XX, vol. 1 Psychiatric Researches, 1969.

__________ *The Collected Works of C. G. Jung*, traduzidos para o inglês por Hull, editados H. Read, M. Fordham, G. Adler e Wm. McGuire. Princeton: Princeton University Press, Bollingen Series XX, vol. 2 Experimental Researche, 1969.

__________ *The Collected Works of C. G. Jung*, traduzidos para o inglês por Hull, editados H. Read, M. Fordham, G. Adler e Wm. McGuire. Princeton: Princeton University Press, Bollingen Series XX, vol 8 The Structure and Dynamics of the Psyche, 1969.

__________ *The Collected Works of C. G. Jung*, traduzidos para o inglês por Hull, editados H. Read, M. Fordham, G. Adler e Wm. McGuire. Princeton: Princeton University Press, Bollingen Series XX, vol 9 The Archetypes and Collective Unconscious, 1969.

___________ *Traum und Traumdeutung.* D T V 2 Auflage, 1990.

___________. *Erinnerungen Träume Gedanken.* Walter Verlag, 2007.

Rainer Maria Rilke: Leben und Werke. Project Gutenberg, s.d.

SHAKESPEARE, William. *The Complete Works.* Collins London and Glasgow, 1968.

ULSON, Glauco. *O Método Junguiano.* São Paulo: Ática, 1988.

BOECHAT, Walter. *Mitos e Arquétipos do homem contemporâneo.* Petrópolis: Vozes, 1995.

DA SOMBRA À LUZ: A CONSTITUIÇÃO DA PSIQUE JUNGUIANA

Paula Perrone

Homônimo ao nome que a psicologia analítica mais tarde e por muitos anos recebeu – psicologia complexa – a noção de complexo trata, como seu nome anuncia, de uma estrutura complexa, formada de partes de natureza diferentes. Por circunstâncias profissionais Jung se deparou com esse fenômeno psíquico universal, debruçou-se sobre ele como pesquisador e clínico e ele se tornou um elemento essencial em sua teoria.

Nos consultórios de psicoterapia o complexo é a matéria básica sobre a qual se trabalha, seja de que modo se prefira chamá-lo, uma vez que é considerado pelo próprio Jung como "célula psíquica". O colorido único da personalidade de cada ser humano é tributado ao conjunto dos complexos nela presentes. Voltar-se para a existência deles e para o modo como estão relacionados no tecido psíquico é cuidar da alma.

O conhecimento desenvolvido em torno desse conceito é fundamental na psicologia de Jung: define a constituição da psique junguiana. Suas formulações criam o solo sobre o qual se movimenta a economia da psique nessa abordagem, base em que se estrutura o raciocínio clínico ou teórico acerca das mais diferentes situações psíquicas, isto é, das relações entre a consciência e o inconsciente.

Histórico da pesquisa

Nos primeiros anos do século XX, a pedido de Eugen Bleuler, seu chefe no Mental Hospital Burghölzli em Zurique, Jung assume a direção de uma pesquisa com finalidade diagnóstica voltada para a atividade associativa em esquizofrênicos[1]. É incumbido inicialmente de pesquisar lâminas de cérebros destes pacientes. Em pouco tempo Bleuler designa Jung para adaptar o método voltado para fins diagnósticos, desafio importante da psiquiatria da época. A finalidade inicial da pesquisa era estudar os tempos de reação relacionados ao uso de lâminas de cortes cerebrais para identificar lesões responsáveis por doenças.

A partir de 1902 Jung põe em funcionamento uma experimentação em larga escala com o teste de associação de palavras, criado por Francis Galton. O instrumento de pesquisa foi aprimorado na psiquiatria na escola de Wilhelm Wundt, fundador do primeiro laboratório de psicologia experimental, que tentou estabelecer as leis da associação de ideias.

A palavra *complexo* foi introduzida por Theodor Ziehen (1862-1950), neurologista e psiquiatra alemão que praticava psicologia associacionista e trabalhara com o experimento de associação no plano neurológico. Ziehen descobriu que o tempo de reação era mais longo quando a palavra-estímulo se relacionava a algo desprazeroso para o sujeito, a uma representação comum a que deu o nome de *complexo de representações emocionalmente carregadas.*

---

1. Eugen Bleuler se manteve como diretor clínico do hospital da Universidade de Zurique de 1898 a 1927. Esse período de 30 anos foi considerado "A idade de ouro" do Burghölzli. Bleuler se dedicou ao estudo da *dementia praecox* e mais tarde mudou seu nome para esquizofrenia.

Jung aprimorou o teste: inicialmente trabalhou com 400 palavras-estímulo que por fim reduziu para 100; com sua equipe de mais seis residentes psiquiatras do hospital conseguiu atestar a existência dos complexos e elaborou uma teoria consistente. Com isso, comprovou também a presença do inconsciente. Esta grande façanha – demonstrar por meio de um método experimental uma esfera psíquica, por escapar à concretude que permite aos fenômenos do mundo físico serem comprovados - foi de imensa utilidade numa época cientificista.

Os estudos decorrentes dessa experimentação se estenderam por cinco anos. Os artigos que registraram a pesquisa foram publicados no Journal für Psychologie und Neurologie, reunidos no livro *Estudos de associação verbal*, editado por Jung, resultaram na produção dos doze *Estudos diagnósticos de associação de palavras*, entre 1904 e 1910 e deram origem a uma parte do atual primeiro volume, ao segundo volume - os doze *Estudos diagnósticos de associação de palavras* - e a parte do terceiro volume das *Collected Works.*

Sobre o desenvolvimento da teoria

A teoria dos complexos, cuja elaboração começa em 1902, funda a psicologia de Carl Gustav Jung. Ela foi especificamente comunicada nos primeiros tempos por meio de dois textos: "O complexo de tonalidade afetiva e seus efeitos gerais sobre a psique", de 1907 e "Exposição sumária da teoria dos complexos", de 1911. Sua síntese só foi comunicada de modo completo num congresso de 1933 e publicada sob a forma de artigo em 1934, com o título: Considerações gerais sobre a teoria dos complexos, que Jung considerou "um quadro inacabado".

Nele a noção de complexo aparece modificada e acrescentada pelos desenvolvimentos que recebeu ao longo do trabalho de Jung: em 1912, quando ele modifica sua concepção de energia psíquica; em 1919, com a teoria dos arquétipos e em 1928, quando conclui a teoria da energia psíquica. Apesar desses três enriquecimentos teóricos, no plano fenomenológico o *complexo* permaneceu idêntico à sua formulação inicial, de 1903[2] até o fim da vida de Jung. A par desses textos específicos, o conceito aparece ao longo de toda a obra.

*

A pesquisa com o experimento de associação de palavras a partir da consideração da média dos tempos de reação evolui para as associações de pessoas sadias. Inicialmente não conseguiam mensurar e distinguir as associações das pessoas doentes daquelas das pessoas normais.

> (...) as perturbações e bloqueios das associações, levando a resultados inesperados, são de grande importância para a avaliação dos mesmos. Enquanto os pesquisadores anteriores estavam mais preocupados com as associações de ideias, sendo essas perturbações desprezadas e tidas como indesejáveis, Jung concentrou seus estudos justamente nas falhas produzidas por interferência de material inconsciente. (...) Nesse trabalho Jung focalizou também o problema da atenção, mostrando que essa função psíquica exercia uma influência cardinal no processo das associações de ideias e que aumentava ou diminuía, dependendo dos pontos atingidos pelas palavras-estímulo. (ULSON, 1988, p.18-19).

2. No artigo Sobre a simulação de distúrbio mental, presente no primeiro volume das *Collected Works*, que foi publicado pela primeira vez em 1903, Jung já trabalha com o teste de associações; nele, o autor descreve e começa a conceituar o complexo no sentido que desenvolverá daí em diante.

O direcionamento é inédito na tradição da interpretação do experimento associativo. As alterações como perseveração, tempo de resposta prolongado, falta de reação, reprodução defeituosa da palavra-estímulo, passam a ser indicadores de interferências emocionais. Essa evidência mostrou a importância do plano afetivo das associações. A palavra-estímulo despertou as associações perturbadas porque tocou um núcleo inconsciente afetivamente carregado.

Com a descoberta da importância das falhas nas reações, aprofundam-se as observações experimentais. Jung volta-se para o *tempo de reação*. Em 1905 publica, entre outros trabalhos, "O tempo de reação no experimento de associações"[3], tese de habilitação para lecionar na Universidade de Zurique, na qual conclui que a importância da consciência é muito pequena para o processo associativo.

> À nossa consciência do eu parece que o processo de associação é obra sua, sujeito a seu julgamento, à sua livre vontade e à sua atenção. Na verdade, porém, conforme indica perfeitamente nosso experimento, a consciência do eu é apenas um fantoche que dança no palco, por um mecanismo automático e oculto (JUNG [1905], 1997, §610).

A equipe de pesquisadores conclui que o fator *atenção* altera o "fugaz e variável" processo psíquico que é o mecanismo das associações, entre outros fenômenos da consciência. Decidem alterar a metodologia de classificação dos resultados, de Wundt e Aschaffenburg e desenvolvem sua própria metodologia.

3. OC II, §560-638.

Um passo importante que se segue é o estudo da *memória*. O experimento de reprodução - a repetição das palavras-estímulo e o registro das reações do sujeito experimental - passa a ser adotado e se comprova como o complexo afeta a memória. Jung publica entre outros artigos "A importância psicopatológica do experimento de associações"[4]. Nele, uma das conclusões é que cada patologia tem sua origem num determinado complexo. Esta descoberta está na base de sua visão das doenças mentais: vai concluir que toda doença é uma doença de complexo. Em 1906 publica "Associação, sonho e sintoma histérico", em que encontra um mesmo complexo no material de uma paciente doente há 8 anos; cria a expressão "complexo de doença", para caracterizar os recorrentes problemas físicos da paciente.

Em 1907, reúne a elaboração dos resultados de seus estudos clínicos e experimentais junto a pacientes esquizofrênicos entre 1903 e 1906 e publica o ensaio *A psicologia da dementia praecox*, o primeiro dos três textos de Jung que tratam especificamente dos complexos: "O complexo de tonalidade afetiva e seus efeitos gerais sobre a psique". Como exemplo da importância desses estudos como sustentação da psicologia que Jung continuaria desenvolvendo ao longo de sua vida, neste capítulo uma das importantes discussões se volta para a *afetividade*, expressão proposta por Bleuler como sendo a base da personalidade. No texto os efeitos do complexo são divididos em agudos e crônicos; estuda a influência do complexo sobre a psique normal; delineia densamente o conceito de *dementia praecox*. Exprime reservas em relação à teoria de Freud: discute a *repressão*, dialoga com as noções de seu autor mas coloca suas próprias ideias e afirma

4. OC II, 1997, §836-917.

que o conceito de complexo de tonalidade afetiva "talvez ultrapasse de algum modo as perspectivas freudianas".

Segundo a síntese de Liliane Frey-Rohn[5], em 1907 Jung argumenta que cada partícula reproduz o tom emocional da totalidade do complexo e seu afeto correspondente irradia o conjunto da massa da representação e com isso destaca a importância que Jung sempre atribuiu à conexão existente entre a ideia e o afeto. Frey-Rohn aponta a tonalidade emocional como a própria "conexão existente entre conteúdo e emoção".

Em 1907/8 Jung publicara o artigo sobre a constelação familiar. Em 1909, numa etapa mais avançada da pesquisa experimental, numa preleção apresentada na Clark University, apresenta uma pesquisa em que conclui que a individualidade se subordina às relações familiares. Nesse ano aparecem os estudos relativos às importantes experiências psicofísicas, com o galvanômetro e o pneumógrafo[6]. Neles, estão presentes os princípios da psicossomática que viriam a ser desenvolvidos depois, da qual Jung é um precursor. Em 1911, Jung e Riklin concluem que o complexo é um assunto pessoal e íntimo, um conjunto de ideias unidas por uma carga emocional.

Estes são alguns exemplos dos passos da pesquisa experimental desenvolvida pela Escola de Zurique, coordenada por Jung.

5. Liliane Frey-Rohn. *De Freud a Jung*, p. 30.
6. Por meio desses aparelhos que adaptou, Jung demonstrou alterações em frequências somáticas como a profundidade da respiração do sujeito, a resistência elétrica da pele, a pulsação, os batimentos cardíacos, como reação às palavras-estímulo que tocam complexos importantes, isto é, detectam indicadores de complexos.

O complexo afetivo e sua constelação

No texto de 1934 Jung apresenta as definições maduras do termo complexo, como a que se segue:

> O que é, portanto, cientificamente falando, um "complexo afetivo?" É a imagem de uma determinada situação psíquica de forte carga emocional e, além disso, incompatível com as disposições ou atitude habitual da consciência. Esta imagem é dotada de poderosa coerência interior e tem sua totalidade própria e goza de um grau relativamente elevado de autonomia... (JUNG [1934], 1998, §201).

O autor define a imagem de uma experiência específica, de tonalidade emocional própria, que não se concilia com as convicções da consciência e vive separada dela. É uma imagem subjetiva que representa uma pessoa, experiência ou situação do mundo real. Estrutura complexa, é formada por certa carga energética e por um conteúdo com determinado significado; ligadas entre si, suas partes formam uma "unidade psíquica de sentimento e ideia" que pode irromper na superfície da consciência por si própria, independente da vontade.

Carl Meier (1990), psiquiatra discípulo de Jung esclarece que a palavra "complexo" deriva do verbo *complector*, que em latim significa abraçar, envolver, embaraçar, entrelaçar, circundar, apoderar-se de, enquanto o verbo *compleo* significa preencher completamente, transbordar. Complexo então significa o conteúdo da psique que constitui um todo relativamente autossuficiente - o "vaso", que é completamente preenchido ou transbordado – formado de diversas partes que são sustentadas conjuntamente e mutuamente embaraçadas, promovido por uma forte tonalidade emocional ou afetiva que é igual e comum a todas elas.

Meier descreve dois importantes traços da fenomenologia e da dinâmica do complexo: a rede associativa de conteúdos que se atraem e formam o corpo do complexo; a constelação do complexo que preenche o vaso psíquico e preside a mentalidade do indivíduo, que pensa e sente por ele. Pode também ocasionar um transbordamento do conteúdo do vaso, quando a carga de afeto for muito grande em relação à do eu.

Jung se refere a este fato como expressão de um processo de atualização de conteúdos específicos que se exprimem e, ao fazê-lo, colocam a pessoa pronta para reagir de modo determinado. Os conteúdos são os complexos que, desse modo, se preparam para se instalarem e serem atuados por meio de sua face afetiva, na medida do *quantum* de energia inconsciente se encontra concentrada em cada um deles. A constelação de um complexo cria uma configuração psíquica global, consciente e inconsciente.

A constelação pressupõe a instalação de uma nova tonalidade afetiva na psique. Embora o complexo constele a maior parte das vezes a partir de uma situação externa, sua constelação também pode ser desencadeada a partir da própria psique do indivíduo.

Inspirado na forma e dinâmica das estrelas celestes que, por seu movimento, lembram o que acontece na psique, Jung escolheu o termo *constelação.* Assim como no céu, as diferentes partes que a compõem mudam de posição, a situação delas e a situação psíquica global se tornam mais ou menos favoráveis.

Autonomia, compulsividade e dissociação

Jung esclarece a compulsividade e autonomia do complexo em relação à consciência numa afirmação que se tornou emblemática da teoria dos complexos:

> Hoje em dia todo mundo sabe que as pessoas "têm complexos". Mas o que não é bem conhecido e, embora teoricamente seja da maior importância, é que os complexos podem "ter-nos". ... Toda constelação de complexo implica um estado perturbado de consciência. ... Daí se deduz que o complexo é um fator psíquico que, em termos de energia, possui um valor que supera, às vezes, o de nossas intenções conscientes; do contrário, tais rupturas da ordem consciente não seriam de todo possíveis. De fato, um complexo ativo nos coloca por algum tempo num estado de *não-liberdade*, de pensamentos obsessivos e ações compulsivas para as quais, sob certas circunstâncias, o conceito jurídico de imputabilidade limitada seria o único válido (JUNG, [1934] 1998, §200).

Por sua natureza, o complexo é independente e único. A mente consciente o teme, devido à autonomia de que desfruta, isto é, geralmente resiste à intenção consciente, vai e vem "a seu bel prazer". Esse automatismo, característica terrível do complexo, leva o indivíduo a se sentir impotente perante a vida emocional, já que seu início, o tempo que perdura e principalmente sua finalidade independem dele. A continuidade do comportamento é rompida, para estranheza do sujeito que, no entanto, é dominado às vezes incontrolavelmente. A autonomia significa que, independentemente da vontade, ele pode invadir a psique e deixar o indivíduo sujeito à emoção descontrolada em algum nível.

"Os complexos podem manifestar todos os graus de autonomia" (JACOBI, 1995, p. 19). Tanto podem perturbar a psique como permanecerem sem serem notados na estrutura geral do inconsciente, enquanto outros estão se encaminhando para a esfera consciente. Para a autora, mesmo sendo conscientes, os complexos influenciam a dinâmica da psique e se fazem presentes de modo teimosamente "autocrático".

Quando os complexos são estimulados, a pessoa afetada dá provas de distúrbio emocional. Jung demonstrou esse distúrbio, no início do século, não só medindo o prolongado tempo de reação às palavras-estímulo.

A constelação de um complexo provoca uma reação emocional que, além de cega, é comparável à rapidez do raio: como realização do impulso inconsciente, chega antes do pensamento e geralmente não pode ser detida por ele. Nesse plano o pensamento e a vontade não são soberanos mas, ao contrário, falham em sua ação e designações. Num seminário em 1925 ele enfatiza a compulsividade do complexo autônomo:

> Quando observamos a mente vemos um fenômeno autônomo no qual existimos como espectadores ou mesmo como vítimas. É como se deixássemos a proteção da casa e fôssemos nos defrontar com os monstros da floresta. (...) O inconsciente é impressionante (JUNG, [1925], (tradução livre).

O complexo se comporta como se fosse um *ser vivo*: em alguma medida é consciente ou é só inconsciente, tem vida própria, procura sobreviver, manter-se forte, atuante. Verdadeira psique fechada, ele condiciona o pensamento, o modo de sentir e de agir.

As noções de *autonomia* e de *compulsividade* têm um significado próximo. Não chegam a se confundir; conservam entre si uma relação de complementariedade, uma sem a outra fica incompleta embora, para efeito de simplificação, muitas vezes a fenomenologia do complexo seja descrita por apenas uma delas. Enquanto *autonomia* se refere a algo que acontece às expensas da escolha do indivíduo, por impulso próprio, outra face tenuemente diferente dessa, que também caracteriza o complexo é seu *caráter compulsivo*, que pode ser compreendido como automático, característica própria dos fenômenos psíquicos inconscientes.

Jung[8] credita à psicopatologia francesa, especialmente a Pierre Janet, o conhecimento que adquiriu da *dissociabilidade da consciência*, resíduo do estado de espírito de primitivo, no sentido de original – expressa pela aceitação de várias almas, além dos deuses e espíritos, por parte dos integrantes de tribos indígenas, conforme observado pela antropologia da primeira metade do séc. XX. Apresenta o complexo como um *fragmento psíquico desprendido*, com determinado grau de *autonomia* e adverte sobre a perigosa possibilidade de desintegração psíquica, já que a existência dos complexos traz a evidência da *consciência fragmentada*. Nomeia os complexos de personalidades fragmentárias que possuem consciência própria.

O núcleo arquetípico

Em 1919 o conceito de complexo recebe uma alteração teórica estrutural. A partir da observação de sua própria atividade imaginativa durante os anos que se seguiram à sua ruptura com Freud, em 1913, cuidadosamente registrada no que veio a ser conhecido como *O livro vermelho*[9], Jung encontrou nessas fantasias a presença do núcleo ar-

8. C.G. Jung. Considerações gerais sobre a teoria dos complexos. In *A natureza da psique*. §202.

9. Publicado no Brasil pela editora Vozes em 2010. A riqueza do material psíquico que compõe o Livro Vermelho adveio da auto-estimulação do mundo interior de Jung.

quetípico inato. O conteúdo dessa obra, um exercício continuado de imaginação ativa, registrada por meio de desenhos, textos e diálogos entre figuras da imaginação do autor. Dedicando-se ao estudo dessas imagens, encontrou personagens e motivos mitológicos de povos distantes no tempo e no espaço; somou os achados à erudição filosófica cultivada desde a adolescência e chegou à importante noção da existência dos arquétipos, que constituem a camada mais profunda da psique, o inconsciente coletivo.

E então observou empiricamente que, no núcleo de cada complexo, há um arquétipo, um padrão humano universal que produz modos de reação a partir de determinadas predisposições às situações típicas da vida. Elas se atualizam na psicologia de cada indivíduo por meio de suas experiências, nela constituindo uma "célula" inconsciente, o complexo.

Jung esclarece que os complexos são limitadamente variáveis por pertencerem a determinadas categorias ou temas que reúnem os conteúdos psíquicos em fundamentos típicos das questões humanas, os arquétipos. Estes são prontidões emocionais, instintos e só podem ser percebidos por seu efeito; manifestam-se na psicologia das pessoas em imaginações fantasistas e atitudes involuntárias. Verificou que esses elementos herdados precedem a consciência, estruturam a psique e são coletivos.

A constelação é uma iniciativa criadora do núcleo do complexo, que é arquetípico. Numa situação de constelação de um complexo de grande envergadura, a arrogância da racionalidade é desbancada; diante da natureza *indomada,* em que uma força interna inconsciente é convocada, a vontade nada pode. Jung[10] usa a expressão

10. C.G. Jung. Considerações gerais sobre a teoria dos complexos. In *A natureza da psique*. §216.

numinoso[11], de Rudolf Otto, para caracterizar esse aspecto do complexo. A expressão diz respeito uma "espécie de carga emocional" com que a presença do arquétipo inunda consciência.

Em toda sua obra Jung[12] tematizou o papel dos complexos na vida da consciência, com foco no fator mais impressionante nesse fenômeno que é sua autonomia perante os outros conteúdos conscientes, que se deve "à sua natureza emocional, já que suas manifestações se baseiam numa porção de associações aglomeradas em torno de um núcleo carregado de agitação"[13].

No núcleo está uma imagem arquetípica e a marca mnêmica de uma experiência traumática. O núcleo se caracteriza pela tonalidade afetiva, pela acentuação dos afetos. Ele gera automaticamente um complexo quando a experiência do sujeito é atraída por ele, verdadeiro centro magnético de atração de experiências. É portador de uma carga afetiva, tem uma força consteladora à qual corresponde sua intensidade ou sua energia. Neste momento da psicologia de Jung a característica de *autonomia* e de compulsividade da constelação do complexo ganham uma consistência teórica mais embasada, oriunda por sua vez da compulsividade do núcleo arquetípico do complexo. Encontra-se na noção de arquétipo a chave de compreensão das características de como o complexo age, descritas no ítem anterior deste texto.

---

11. Otto usa a palavra para denotar a consciência que está no fundamento da experiência do sagrado, a constituição de um *mysterium tremendum* que inspira veneração e temor. Na psicologia junguiana o termo é sinônimo de *fascinosum*, para indicar o caráter com que uma coisa, cujo sentido é ignorado ou ainda não conhecido, **se transforma em força que fascina a consciência do sujeito**. Às vezes entra na categoria do numinoso a experiência que a consciência faz do inconsciente, aquele outro diferente de si (PIERI, 2002, p. 347).
12. Jolande Jacobi, *op. Cit.*, p. 9.
13. (Jung, 1956, prefácio ao livro de J. Jacobi *Complexo, arquétipo e símbolo.*

A relação do eu com o complexo

A consciência tem como cerne e centro o complexo do eu. No entanto ele se diferencia em muito dos outros complexos, de natureza inconsciente. De composição mutável, transformável, o eu é um centro de gravitação e de contração das partes da consciência; ele permite ao indivíduo voltar-se para determinado conteúdo, seja do mundo interno ou do externo. É considerado como um complexo por ser parte da psique, por condensar conteúdos carregados de energia, ter um núcleo arquetípico, ter autonomia, ser compulsório, ser uma psique parcial com seus próprios pensamentos, fantasias, memória.

De acordo com Jacobi[14] sob o impulso do complexo ascendente a consciência se "quebra", invadida pelo inconsciente. Com o rebaixamento do umbral da consciência, o *abaissement du niveau mental*, na expressão de Pierre Janet, a energia é subtraída da consciência e o indivíduo, de um estado consciente ativo, passa a um estado passivo, aprisionado.

Com medo de perder o controle da vida psíquica, o eu não se curva às revelações da esfera inconsciente, que ele desconhece. Esse controle, entretanto, pode ser sua maior fraqueza, já que mantém a unilateralidade da consciência, o que reduz a capacidade anímica e deixa o indivíduo numa posição de fragilidade. Von Franz explica:

> De acordo com a minha experiência, ocorre com muita frequência que a exigência de prestígio do Eu não permite uma 'compreensão melhor'. ... Ele se afigura como um complexo ... a que o nosso sentimento de identidade está vinculado no começo da juventude, mas que, perto do fim da nossa vida, na velhice, fica cada vez mais distante. Jamais podemos ver objetivamente o nosso próprio ego ou, se porventura o virmos, o faremos apenas a partir de seu reflexo via inconsciente. ... (VON FRANZ, 1997).

14. J. Jacobi. *La psicologia de C. G. Jung*, p. 71.

Von Franz se refere à "luzinha" da consciência do ego, na qual Jung descobriu o significado último da existência. O reconhecimento por parte do eu de seu próprio papel pede grande dose de humildade e amadurecimento do indivíduo. Com tal reconhecimento o eu e a consciência passam a ser instrumentos do desenvolvimento da individualidade.

Meta que não se atinge em curto prazo, o fortalecimento do eu pode ser considerado o sentido central do trabalho com os complexos. Este processo passa por operações psíquicas delicadas.

Sob uma constelação a energia psíquica migra em alguma medida para o inconsciente e, com isso, deixa a consciência relativamente privada da ação de funções como a vontade, a memória, a atenção, a percepção, o pensamento. Para que um complexo seja integrado à consciência, sua inconsciência precisa ser vencida pela consciência, à qual passa a pertencer a força do complexo.

Frey-Rohn usa a imagem da cebola sendo descascada. Nela, uma ou mais camadas de um complexo inconsciente podem ser integradas pela personalidade consciente, mas o núcleo, não; ele retorna, porém, em estado latente para o inconsciente e deixa de ser um problema real.

> Para Jung, mais importante que a qualidade de consciente do complexo era sua maior ou menor conscienciabilidade, o *manter conscientes* as contradições afetivas e o significado psicológico do núcleo, a base de interpenetração entre o "consciente" e o "inconsciente" (FREY-ROHN, 1991, p.34).

O reconhecimento e aceitação dos conteúdos, emoções e sentimentos relacionados à rede associativa de um complexo é fruto do aprofundamento da interioridade que leva ao alargamento da consciência. Se por um lado uma constelação perturba a consciência, por outro pode enriquecê-la pelos símbolos novos que traz, úteis para o momento interno, potencialmente mobilizadores e salutares pelo dinamismo com que seus conflitos enriquecem a vida psíquica, caso contrário permaneceríamos em estado de inércia.

Em 1934 Jung caracteriza os complexos como "fragmentos psíquicos desprendidos". Com isso, além de sublinhar seu caráter dissociado, refere-se ao fato de que geralmente o complexo é um pequeno fragmento e sua ocorrência na psique é inevitável, incontável mas não infinita.

A transformação da energia psíquica

Chama a atenção de Jung que grande parte de seus pacientes psicóticos no Burghölzli, onde trabalha até 1909, têm fantasias, delírios, sonhos, que não provêm de experiências pessoais. Não consegue atribuir a origem delas à sexualidade infantil, que não comporta sua riqueza narrativa ou complexidade criativa. Encontra nos delírios padrões semelhantes aos dos mitos e lendas. De sua escuta conclui pela existência de um nível mental criador de mitos, comum aos psicóticos e às pessoas normais de diferentes culturas e épocas. Chama essas imagens de *primordiais.*

Em seu livro *Símbolos e transformações da libido*, de 1912, Jung apresenta sua hipótese de que a libido é única, pode migrar, se transformar, recolher-se ao inconsciente, retornar de outro modo, constituir sintomas. Aborda a libido por uma posição genética, a partir da visão de Schopenhauer da Vontade; coloca a libido sexual como sendo apenas um ramo da Vontade ou força vital. Apresenta seu método de interpretação simbólica do material inconsciente e aproxima a noção de complexo das imagens primordiais. Relaciona a libido à ideia de símbolo, como o elemento capaz de transformá-la. Nesse livro Jung desliga a libido da sexualidade; o preço de tal afastamento da visão de libido da psicanálise foi o rompimento com Freud.

Em 1921 os *Tipos psicológicos* tocam a questão do complexo quanto às disposições individuais inatas, à constituição de cada pessoa para lidar com o processo de adaptação. Esse é o ponto em que os complexos podem surgir: no cruzamento das condições psíquicas e suas necessidades, combinadas às necessidades trazidas pelo ambiente em que se estrutura a experiência humana. Os complexos nascem principalmente da relação da personalidade individual com o mundo.

Em 1928, com a teoria da energia psíquica, a teoria dos complexos ganha precisão no plano da carga afetiva e da relação do eu com o complexo secundário. Revela-se com clareza a mecânica da transposição da energia psíquica da esfera consciente para a inconsciente e vice-versa. É uma teoria densa; será aqui apenas delineada em alguns de seus aspectos mais relevantes.

A energia que impulsiona o trabalho da personalidade é chamada de *energia psíquica* ou *libido*. Sua principal fonte se origina das experiências que penetram na psique pelos órgãos do sentido; secundariamente, dos instintos. As experiências do indivíduo são transformadas em energia psíquica. O complexo se alimenta de novos traumas de mesma tonalidade afetiva e de seu núcleo arquetípico que exerce sobre ele uma força gravitacional e se nutre do instinto que, ao interagir com a situação psíquica de momento, ao ser psiquificado, passa de fator extrapsíquico a um fenômeno psíquico que desvia a energia de sua aplicação biológica para a psique.

Como o arquétipo é a força que estrutura a libido, as propensões individuais podem ser ativadas a qualquer momento, em que pesa o resultado causado no sistema pela energia a ele acrescentada, mais que sua quantidade. O número de associações em torno do núcleo determina o poder de constelação e a força de atração que o complexo tem de assimilar novas experiências, ou seja, seu valor energético. As novas experiências, por sua vez, são fonte constante de alteração do equilíbrio anteriormente atingido.

Jung concebia o mundo e os processos psíquicos como uma tensão de forças opostas como a consciência e o inconsciente. Quanto maior a relação entre os opostos, mais energia é gerada.

Os estímulos recebidos redistribuem ou transferem energia entre as estruturas da psique. A psique se mantém em contínua atividade, em busca de uma estabilidade relativa. A psique "normal" busca o terreno intermediário entre dois polos, em que pode nutrir-se do mundo externo sem estar totalmente aberta. A partir do princípio da entropia, Jung intui também que todo processo psíquico tem uma finalidade, uma teleologia ou sentido enquanto direção.

Projeção do complexo inconsciente

A força de constelação dos complexos pode causar desastres. Os relacionamentos se desgastam, sofrem abalos e até se destroem, uma vez que a visão cega do complexo imprime aos fatos um sentido radicalizado. O complexo dirige nosso modo de viver, condiciona obstinadamente a versão que damos aos eventos, ao mundo, às pessoas. Vemos o que está fora de nós a partir das fantasias do complexo, que alteram o valor dos objetos sobre os quais depositamos nossos conteúdos. Quando fazemos isso projetamos parte de nosso mundo interno, transpomos algo que é nosso para um objeto exterior a nós.

Nos sonhos eles também aparecem projetados nos personagens, nas imagens. Enquanto partes de nossa personalidade, eles nos propiciam um eco do que somos. O método de interpretação de sonhos da psicologia analítica é rico e tem o sentido de desvelar a projeção dos nossos complexos e como estão relacionados entre si para que possamos ter consciência deles.

O que propicia a projeção é a inconsciência de quem somos, a indistinção em relação ao ambiente; é o que Jung chamou de "identidade arcaica" ou "indistinção originária", também conhecida por participação mística, noção discutida por Lévy-Bruhl[15]. A projeção corresponde à indiferenciação, isto é, ao projetarmos vemos partes nossas fora de nós e as atribuímos ao objeto externo, ao outro, pois o inconsciente projeta o que a pessoa não conhece de si. Este funcionamento pertence a um plano de não individualidade.

Encobrimos o mundo pelos véus de nossa projeção, que produz uma tripla ilusão: não nos vemos, não vemos o outro e não estabelecemos trocas verdadeiras. A retirada da projeção cessa com a constatação do indivíduo de que aquele conteúdo é seu. A conscientização dessas "células psíquicas" tem como fruto inestimável a redistribuição da energia psíquica nelas represada e a possibilidade de expansão da personalidade.

15. Filósofo e antropólogo francês contemporâneo de Jung.

A constituição psíquica

Jung afirmou que os complexos, com efeito, constituem as verdadeiras *unidades vivas da psique inconsciente*, cuja existência e constituição só podemos deduzir através deles. Portanto na visão junguiana a psique é múltipla. Ele a concebe como um conjunto constituído por muitas partes distintas e singulares associadas, que constituem os opostos bipolares consciência e inconsciente, pertencentes a um todo superior. Essas partes, no entanto, podem se dissociar em graus variados o que caracteriza a psique como dissociável. A psicologia analítica elabora o modo de conceber as relações entre elas.

"Os complexos autônomos se contam entre os fenômenos normais da vida e determinam a estrutura da psique inconsciente" (JUNG, 1934). Enquanto componentes estruturais da psique, os complexos em si não são doentios, todos os temos. Podem se tornar patológicos quando ignorados pela consciência; nesses casos eles "nos arrastam", na expressão de Jung, pela força da energia inconsciente neles concentrada. Conscientizados, conduzem nossa trajetória em maior ou menor grau.

Em vários momentos Jung chegou a propor que se esbeleça um diálogo com essas figuras da imaginação, a fim de conscientizar sua presença em nós. "Mas como a psique não é uma unidade e sim uma pluralidade contraditória de complexos, não é muito difícil chegar à dissociação necessária para discutir com a *anima*" (JUNG, 1928).

Os complexos são componentes da psique que podem se configurar como personalidades definidas e se comportam como personalidades parciais, o que atesta não haver uma unidade da consciência, mas a dominação da psique por cada constelação de complexo. Seu conjunto forma o que Jung inicialmente chamou de inconsciente pessoal, na medida em que foram adquiridos durante a vida do indivíduo; no entanto muitos são coletivos, sociais, culturais, familiares, portanto herdados, originados do encontro dos arquétipos com a experiência humana.

Os complexos constituem as verdadeiras *unidades vivas da psique inconsciente*, cuja existência e constituição são deduzidas através deles. Portanto na visão junguiana a psique é múltipla, um conjunto constituído por múltiplas partes distintas e singulares associadas, que constituem os opostos bipolares consciência e inconsciente, pertencentes a um todo superior.

Referências bibliográficas

FREY-Rohn, Liliane. *From Freud to Jung: a comparative study of the psychology of the unconscious*. New York, C. G. Jung Fondation for Analytical psychology, 1974.

JACOBI, Jolande. *Complexo, arquétipo e símbolo na psicologia de C. G. Jung*. São Paulo, Cultrix, 1995.

JUNG, C. G. Estudos experimentais. *OC*, vol. II. Petrópolis: Vozes, 1997.

__________ Psicogênese das doenças mentais. *OC*, vol III, Petrópolis: Vozes, 1999.

__________ A energia psíquica. *OC*, vol. VIII/1. *OC*, Petrópolis: Vozes, 1997.

__________ A natureza da psique. *OC*, vol. VIII/2. *OC*, Petrópolis: Vozes. 1998.

__________ Os arquétipos e o inconsciente coletivo. *OC*, vol. IX/1. OC, Petrópolis: Vozes, 2000.

__________ Seminário: *Psicologia analítica*. 1925. (apostila)

MEIER, Carl A. *The psychology of C. G. Jung*. Vol. I: *The unconscious in its empirical manifestations*. Boston, Sigo Press, 1990.

OTTO, Rudolf. *O sagrado*. São Leopoldo: Sinoda/EST; Petrópolis:-Vozes, 2007.

PERRONE, M. Paula (2008). *Complexo: conceito fundante na psicologia de C. G. Jung*. Tese de doutorado, Instituto de Psicologia da Universidade de São Paulo.

PIERI, P. *Dicionário junguiano*. São Paulo/Petrópolis, Paulus/Vozes, 2002.

ULSON, Glauco. *O método junguiano*. São Paulo: Ática, 1988.

VON FRANZ, Marie-Louise. *Reflexos da alma: projeção e recolhimento interior na psicologia de C. G. Jung*. São Paulo, Cultrix/Pensamento, 1997.

HÁ MUITOS MORADORES, EMOTIVOS E VIVAZES, QUE HABITAM O NOSSO PSIQUISMO

Renata Whitaker Horschutz

Dentre os vários habitantes do seu psiquismo,
aprenda a distinguir e a realizar a voz que mais o anima

O ser humano é ao mesmo tempo um e muitos, sua essência é individual e universal, portanto é importante para o nosso autoconhecimento e desenvolvimento que ouçamos as vozes dos personagens que habitam a nossa psique e se revelam, por sua natureza complexa e multifacetada, através de palavras, diálogos, gestos, expressões, hesitações, perturbações e atitudes. Trata-se de nossos famigerados complexos, com os quais convivemos ao longo da vida.

A palavra complexo, no domínio público, tem um sentido modificado e pejorativo. Porém, na visão da psicologia junguiana, um complexo é uma imagem repleta de emoção, ideias, vivências de fatos, com energia acumulada e pavimentada por uma grande carga afetiva. Estes agrupamentos possuem vida em nosso universo interior e podem, em algum momento, manifestar-se na consciência de maneira construtiva ou destrutiva, dependendo da sua força energética e autonomia, assim como do nível de consciência e estruturação que o indivíduo possui.

Os complexos podem ter a sua origem na consciência ou no inconsciente, em vivências traumáticas, fatos vividos ou imaginados, conflitos de condutas e costumes diferentes, que podem gerar uma cisão ou dissociação interna no indivíduo. Ao sofrer algum estímulo ou provocação, ele vê irromper de maneira intempestiva alguns de seus "habitantes" internos, que trazem à tona, para a consciência, toda uma rede de memórias, associações, recordações, temores, desejos, obrigações, imposições, necessidades ou mesmo conteúdos totalmente novos, portanto desconhecidos para a consciência.

Ninguém está totalmente apto a livrar-se dos complexos, pois estes moradores do nosso psiquismo são ávidos por serem ouvidos e/ou servidos, temidos, adorados e, em muitos momentos, podem nos fazer perder a nossa meta, a objetividade, nos confundir, nos levar a ser tomados por emoções ou a darmos respostas involuntárias, gerando tumulto, revolta, alvoroço. Portanto, a energia de um complexo pode ser tão grande e conter tanta vida própria que invade a consciência fazendo com que ela, em casos patológicos graves de psicose e dissociação, cinda, formando em uma mesma pessoa personalidades diferentes que tomam conta da consciência, podendo inclusive não se comunicarem entre si, ou seja, uma não sabe o que a outra faz, pensa ou sente. Episódios em que alguém não reconhece ter feito algo, como comprar determinado objeto, ilustram este caso.

Este estado psíquico, gerado por um morador interno, ou seja, um complexo, pode também se apresentar de maneira mais sutil e se fazer presente mesmo em indivíduos considerados "normais" quando, por exemplo, dizemos algo involuntariamente, e assim revelamos o que realmente estávamos pensando e não o que socialmente seria aceito; ou quando temos um acesso de tosse em uma peça de teatro, esquecemos o nome de alguém que queríamos apresentar ou quando, ao chegarmos atrasados em um concerto ou palestra, tropeçamos em uma cadeira fazendo com que todos os presentes se virem para nós.

Muitas vezes a consciência não consegue ter controle sobre estes moradores vigorosos, que em alguns momentos são nossos únicos habitantes. Ela pode perceber a presença deles, porém não consegue impedi-los, impossibilitá-los ou mesmo favorecer sua manifestação.

Necessitamos familiarizar-nos com a noção de que o eu não é o único dono da nossa casa, mas um entre toda uma comunidade coexistente, que age de maneira independente e que ora discorda do eu, impondo-se, ora inspira-o, adverte-o ou lhe proporciona soluções criativas e interessantes. Muitas pessoas têm dificuldade em aceitar que outro ser humano possa pensar ou sentir de forma diferente, portanto jamais concordando e menos ainda aceitando o fato de que dentro de si próprias haja moradores tão diferentes entre si.

Claro que estou usando a palavra moradores como metáfora, pois é exatamente isso que os sonhos, os cenários criados na caixa de areia e a imaginação ativa fazem: personificam o complexo, e é exatamente isso que Jung faz no *Livro Vermelho*, no qual ele dialoga com suas várias personalidades como Salomé, Elias, a Serpente e Philêmon. Da mesma forma, em *Memórias, sonhos e reflexões* podemos observar que Jung percebe a multiplicidade em si ainda bastante jovem, enumerando as suas diversas personalidades, num admirável e lúcido exercício de conscientização.

A personalidade número 1, que no *Livro Vermelho* ele chamou de "espírito da época", convergia para o universo da experiência, da observação, das ciências naturais, do conhecimento prático, racional, do saber aprendido. A personalidade número 2, no *Livro Vermelho* denominada por ele "espírito da profundeza", estava relacionada a assuntos de mitologia, filosofia, religião e artes. O enfrentamento entre ambas era frequente.

Na primeira parte desse *Livro*, no Liber Primus, Jung reconhece a sua dificuldade em lidar com o "espírito da profundeza", dizendo ser o que "possui, desde sempre e pelo futuro afora, maior poder que o 'espírito dessa época' que muda com as gerações". E, num ato de contrição, declara: "cheio de vaidade humana e cego pelo ousado espírito dessa época, procurei por muito tempo manter afastado de mim aquele outro espírito" (Jung [1914], 2013, p. 229).

A personalidade total ou psique é constituída de muitos sistemas solitários que, de forma dinâmica, atuam uns sobre os outros, como se formassem um arquipélago. Seus principais sistemas são o eu, o inconsciente individual, o coletivo, a persona, a *anima* ou *animus* e a sombra. Tais elementos, como um todo, formam a personalidade total, ou Si-Mesmo, portanto cada um desses moradores possui uma forte carga ideo-afetiva, que se personaliza a partir de vivências pessoais. Sendo inerentes à psique estes componentes, ao tornarem-se autônomos, geram conflitos, adoecimentos, mas também revelam nossas fraquezas, o que não está concluído em nós e que precisamos aprimorar.

Os complexos dissociativos podem gerar um percurso enviesado no desenvolvimento da psique, o que pode causar interferência no aspecto cognitivo, social e até mesmo no sentido que o indivíduo dará para a sua existência. As psicodinâmicas e a nossa maneira de ser são produzidas pela polifonia de nossos moradores internos, muitos seres que nos relacionam ao passado, ao presente e ao que almejamos no futuro. São reflexos de convivência e experiências com outros e de outros, assimiladas por nossa psique e armazenadas, ali na sombra gradativamente se fortalecendo, para sorrateiramente se manifestarem.

Esta riqueza de personagens que nos habitam facilita-nos, como analistas, o desenvolvimento da empatia por nossos pacientes e o acompanhamento de seus circuitos de pensamentos e emoções, o que amplia e expande a nossa psique por meio da experiência alheia. Nossa profissão nos abrilhanta com esta oportunidade. Desenvolvemos a arte de ouvir histórias; com quanto mais narrativas tivermos contato, mais recursos criativos e de crescimento teremos a nosso dispor.

O modo como nossos pacientes se movimentam no espaço, o ritmo de sua fala, suas expressões faciais e gestos, espelham seus moradores internos, os quais nos revelam, num exame atento, uma complexa rede de pensamentos, sentimentos e diálogos interiores subjacentes à narrativa verbalizada. Portanto, ao nos expressarmos estamos permitindo que muitas vozes implícitas e explícitas se manifestem, num discurso intertextual, a exemplo do que ocorre na literatura: ao lermos uma obra com frequência percebemos a influência de outros autores na formação daquele que estamos lendo.

Um grande exemplo, na literatura, é Fernando Pessoa, com seus vários heterônimos; em um de seus poemas ele demonstra a plena consciência de seus inúmeros moradores internos:

Tenho mais almas que uma[1]

Vivem em nós inúmeros;
Se penso ou sinto, ignoro
Quem é que pensa ou sente.
Sou somente o lugar
Onde se sente ou pensa.

---

1. Ricardo Reis, 1935. *Odes*. *In* Fernando Pessoa. *Coleção Poesia,* 1970.

Tenho mais almas que uma.
Há mais eus do que eu mesmo.
Existo todavia
Indiferente a todos.
Faço-os calar: eu falo.

Os impulsos cruzados
Do que sinto ou não sinto
Disputam em quem sou.

Ignoro-os. Nada ditam
A quem me sei: eu 'screvo.

(Ricardo Reis, [1935] heterônimo de Fernando Pessoa, 1970, p.157)

Nossos pensamentos, sentimentos, falas, gestos, continuamente interagem com o outro interno ou externo a nós.

Assim, é fundamental para o bom andamento de um processo de análise que o analista esteja atento e reconheça quem exatamente está se expressando e para quem está falando o paciente. Muitas vezes o analisando traz uma queixa que não pertence somente a ele, mas a toda a sua família, inclusive de gerações anteriores, ou mesmo relativa a sua comunidade e à cultura em que está inserido, já que todas essas vozes podem se expressar através da sua comunicação.

Muitos equívocos acontecem na clínica quando partimos do pressuposto que a psique do analisando é singular e que tudo o que acontece em sua vida se origina apenas nele. Somente se torna estrutural e característico de alguém aquilo que gera movimento ou expressão de ideias criativas na vida de um indivíduo. Porém, quando não se consegue transformar o que se recebe do mundo ou acessar potenciais internos e transformá-los em atos criativos, estes ficam na sombra e não se tornam bases estruturais, mas potenciais não expressos e não vividos que podem levar uma pessoa a adoecer gravemente.

Um analisando que possui muitas vozes sem que, no entanto, que estas possuam alguma organização, sem que as ilhas do arquipélago possam se conectar, sofre um tumulto interior devido à imensa desagregação. Isto ocorre em momentos em que a pessoa está passando por uma séria crise em sua vida, com muitas rupturas e perdas de embasamento psíquico, ou em alguns estados psicóticos em que a consciência, o eu, não consegue se colocar e expressar de forma organizada, havendo uma fragmentação da personalidade.

Há também casos em que as vozes dos outros, como a da família, não permitem a expressão da voz pessoal e a concretização de gestos criativos. A pessoa sente-se oprimida, restringida, limitada, diminuída, angustiada, pois sua voz não é ouvida, portanto não se sente vista. Impossibilitada de se manifestar genuinamente, sem esperança, não é capaz de ver um caminho ou direção a seguir que não seja a das vozes que a calam, contra as quais não consegue reagir.

Vemos isso acontecer quando recai sobre a pessoa a tarefa de perpetuar algo, como levar adiante a administração de uma empresa familiar, sem vocação para tal. Ajudar esta pessoa a ouvir e a conversar com seus moradores internos é uma possibilidade de começar a revelar-lhe um sentido para a sua vida, para que consiga ouvir o seu próprio chamado ou vocação e, prazerosamente, construa o próprio caminho, reconhecendo seus talentos e aptidões, até então ocultos na sombra.

Há também os casos de pessoas que não se sentem pertencentes por não terem vivenciado a experiência de acolhimento e que por isso se consideram sós e desamparadas, mergulhadas em um vazio enorme. Estas pessoas recortam e colam palavras e frases de outros que admiram porque conseguiram ascender social ou profissionalmente. Quando submetidos a um processo de análise, tais indivíduos têm muita dificuldade em simbolizar, em se aprofundar nas reflexões e sentimentos que os conduzirão a suas vozes interiores. Falam muito, geralmente, sobre coisas, pessoas, ou mesmo assuntos sem nenhuma importância, para ocuparem o vazio que sentem em seu interior.

Há casos mais graves como psicoses, em que as frases ditas são totalmente desconexas, sem qualquer sentido, como se a pessoa trouxesse a voz de muitos seres desconectados entre si e que querem se expressar ao mesmo tempo. Estes indivíduos muitas vezes nos procuram com a queixa de investirem a sua energia no trabalho, ou em relacionamentos, sem qualquer resultado. Porém, seu discurso argumentativo, as causas a que atribuem seu fracasso, não possui qualquer fundamento. Com medo de amar e de serem rejeitados, entram em um processo de autodestruição, emaranhando-se na crença de que não pertencem a nada ou a ninguém.

A nossa função enquanto analistas não é dar sentido a essas falas, pois elas são na realidade totalmente desconectadas, mas oferecer a nossos analisandos uma vivência de acolhimento e reconhecimento, que lhes proporcione ocupar e assumir um lugar no mundo e iniciar sua jornada na vida. Clarice Lispector, em sua crônica "Pertencer", ilustra a importância dessa experiência: "A vida me fez de vez em quando pertencer, como se fosse para me dar a medida do que eu perco não pertencendo. E então eu soube: pertencer é viver" (1999).

As pessoas que não se sentem pertencentes podem se reduzir a uma máscara, aprisionando-se nos códigos sociais. Perdem a alma, sentem um vazio existencial profundo, em que apenas o que é externo existe, nunca recebendo do ambiente sustentação emocional. Têm a máscara colada em seus rostos e vivem conforme as regras sociais, desconhecendo os moradores que os habitam. Como não possuem consciência plural polifônica, elas simplesmente repetem o que escutam e acham correto, sem qualquer reflexão.

Estes casos são particularmente difíceis para nós, analistas, por ser extremamente árduo ou até impossível construir com tais pacientes uma relação, visto que nem sequer nos enxergam pois a organização rudimentar e grosseira da sua personalidade funciona como defesa para que não ouçam suas vozes interiores. Afinal, dar passagem para uma delas pode ser muito arriscado para a sua integridade psíquica.

Porém, pode haver uma esperança de transformação, se conseguirmos, com sutileza, ultrapassar essa barreira, auxiliando-os a suportar e a atravessar o sofrimento. Se, ao serem questionados relativamente ao cerne de suas dificuldades essenciais, eles se abrem para uma reflexão e se emocionam, teremos abertura para conduzi-los à superação. Para realmente entrar em análise o eu precisa sentir-se motivado, pois o processo pode ser bastante doloroso. Sempre que houver angústia, sofrimento, precisamos criar um vínculo com os analisandos para que o processo aconteça, facilitando o diálogo entre o eu e aqueles que habitam o interior da psique.

Quando o paciente se sente acolhido, aceito, compreendido, posiciona-se frente a suas questões históricas e trans-geracionais, apercebe-se de seu lugar no mundo, de seu modo de ser e de se colocar e aprende a dialogar e a estabelecer uma relação verdadeira. Este é o caminho de acesso aos muitos moradores de seu interior que, por sua vez o conduzirão à possibilidade do surgimento de novos cenários e perspectivas de vida, com a consequente remissão dos sintomas. O olhar do analista oferece ao paciente um lugar no mundo e, com isso, a possibilidade de se localizar e se integrar.

Os outros sempre têm uma visão mais ampla de nós do que nós próprios, como comprovamos ao ouvir a nossa voz em um gravador. São situações em que ao ver uma foto nossa, experimentamos estranheza, ou mesmo quando achamos que as pessoas ao nosso redor envelheceram, sem nos darmos conta de que passamos pelo mesmo processo.

Para integrar esses moradores na psique, ou seja, para que possam desenvolver um bom convívio entre si, faz-se necessário primeiramente tomar consciência da existência das várias personalidades em nossa psique, para depois dissolver as experiências afetivas que lhes deram origem, desarmando suas estruturas e dinamismos, retirando-lhes a autonomia e integrando-as à psique. Ao chegar a este ponto, seremos conduzidos ao encontro com moradores mais profundos, arquetípicos, fazendo-se necessário o confronto entre a consciência e o inconsciente para a psique não ser dominada por aqueles, podendo superá-los também, e assim encontrar a sua verdadeira essência.

Estes moradores nos indicam o caminho para adentrarmos o inconsciente e são eles que produzem os sonhos e os sintomas. Quanto mais conscientes nos tornarmos, por meio dos diálogos com nossos moradores internos, tanto mais se reduzirá a camada do inconsciente pessoal que recobre o inconsciente coletivo, o que permite o surgimento de uma consciência mais livre e aberta, que nos tira do isolamento, proporcionando uma melhor convivência com a coletividade, sem que com isso percamos a nossa essência e individualidade.

Referências bibliográficas

PESSOA, F., *Coleção Poesia*, Ed. Ática, Lisboa, 1970.

GONZALES, A., *Transtornos Dissociativos*, Trauma Clinic Edições, Brasília – DF, 2014.

JUNG, C. J., *O Livro Vermelho*, Petrópolis, Vozes, 2013.

JUNG, C. G., *Memórias, Sonhos e Reflexões*, Rio de Janeiro, Nova fronteira, 1983.

LISPECTOR, C., *A Descoberta do Mundo*, Rio de Janeiro, Rocco, 1999.

Documento Eletrônico:

WHITAKER, R., disponível em: http://www.psicologiasandplay.com.br/wp-content/uploads/2010/04/carta_a_clarice_linspector.pdf, Acessado em 20/09/2017.

O PAI E O COMPLEXO PATERNO NA CLÍNICA JUNGUIANA

Durval Luiz de Faria

O objetivo deste trabalho foi pensar a questão do pai na clínica, tentando apreender três aspectos: como o arquétipo paterno se concretiza no setting analítico? Como se dá a fenomenologia do complexo paterno em homens e mulheres? Como ocorre a transferência paterna, e qual seu desenvolvimento?

Consultada a literatura junguiana e a nossa experiência clínica, vimos quc o Pai, enquanto força arquetípica está presente na configuração do setting junguiano através do estabelecimento de uma atitude reflexiva, por parte do analista, que leve o paciente a organizar e tornar criativa sua experiência (*Logos*), assim como a criar um ambiente onde possa haver o confronto e o enfrentamento (*Phallos*).

O analista deve também diferenciar as modalidades do complexo paterno e saber lidar nas diferentes fases da análise com pessoas que têm dificuldades na área paterna.

Nossa área de pesquisa está ligada a gênero, ao estudo da masculinidade contemporânea, em especial aos conflitos e às questões do homem com a paternidade. Neste trabalho, gostaríamos de entrar numa outra seara, a da presença simbólica do pai na clínica junguiana, tentando trazer alguma reflexão para o campo da psicoterapia.

Em termos gerais, partiríamos das seguintes questões: o Pai enquanto força arquetípica na clínica, como se manifesta? Como se dá a fenomenologia do complexo paterno em homens e mulheres, no que diz respeito às patologias que afetam a personalidade? E, finalmente, a questão da transferência paterna, suas implicações e desenvolvimentos.

Obviamente este é um pequeno esboço para a discussão destes tópicos. Não pretendemos esgotar o assunto, mas iniciá-lo, apresentar as questões.

O pai na clínica – a presença do arquétipo paterno

A clínica junguiana trabalha não apenas com as dimensões pessoal e relacional, mas também a arquetípica. Isto pressupõe que o *setting* analítico não se dá apenas a partir do vínculo de consciências, mas também das relações inconscientes que ali vão se estabelecendo, a despeito das vontades das partes (terapeuta e paciente): tentamos entender o que está acontecendo. A partir das primeiras entrevistas, não é o desejo do terapeuta que põe em funcionamento o psiquismo do paciente, nem o dele próprio ou a relação, mas algo que transcende a consciência de todos.

Tomando a metáfora alquímica de Jung (1983) para a compreensão da transferência e da relação terapêutica, estamos na fonte de mercúrio e mergulhados nela, tentando compreender paulatinamente aquilo que ocorre. A partir daquela massa confusa, da mistura de todos os elementos, dos componentes psíquicos individuais e universais tentaremos, focados na pessoa do paciente, entender aquilo que se passa e que aparece nos relatos do paciente em sua vida cotidiana, na transferência e nos sonhos.

É comum, nos textos junguianos, apontarmos alguns arquétipos que são constelados na relação analítica como o materno, o paterno, o curador, o *puer*, o *trickster*, a *anima*, o *animus* etc. Todos os arquétipos estão de certo modo presentes no *setting*. No entanto, eles não tomam a cena a todo o instante. Dependemos da constelação que emerge em cada momento da análise. Como na ideia da *gestalt* figura-fundo, o que num primeiro momento pode ser figura, em seguida pode fazer parte do fundo arquetípico. Em *Psicologia e Alquimia*, Jung (1995) nos apresenta uma série de sonhos onde a leitura arquetípica se sobressai e é um bom exemplo para observar esta composição.

Vamos tentar entender a presença do arquétipo paterno na própria configuração do processo analítico. Não vamos nos estender aqui nas expressões do arquétipo paterno. Jung o apresenta como *Logos*, o Espírito, princípio masculino que torna o homem criativo "dando-lhe o impulso inicial e a ideia feliz, a perseverança, o entusiasmo e a inspiração" (Jung, 2001, p.210).

Logos ilumina o cenário analítico, trazendo a ele inspiração, clareza, sabedoria e capacidade de discriminação. Aqui emerge o terapeuta como o elemento que cataliza a organização da massa confusa, trazendo luz a cada novo momento, junto com o paciente. Neste sentido, o exercício do pensar e da reflexão são fundamentais na formação do analista, para evitar o estereótipo que muitas vezes nós, junguianos, levamos como "sensíveis e intuitivos". Aqui se revela o lado *Yin* do Pai (Whitmont,1995), aquele que possibilita a emergência do pensamento e reflexão sobre a existência.

Monick (1993) entende *Phallos* como o arquétipo relacionado à potência não apenas sexual, à atitude afirmativa diante da vida e dos obstáculos. Pensamos que *Phallos* pode estar relacionado às ações interditoras paternas do terapeuta, na medida em que este utilizará a agressividade relacionada para fazer cumprir os limites da lei: dia e hora da sessão, remuneração adequada para terapeuta e paciente, ter força para se defender dos ataques agressivos e atuações sedutoras dos pacientes. A psicoterapia, às vezes, pede uma força e presença muito fortes do analista, assim como pede, em outras, o reconhecimento da fragilidade que o contato com o desconhecido traz.

Obviamente a atitude patriarcal do analista deve estar temperada à luz da constituição psíquica do paciente. Para alguns pacientes, afetados pela imagem do pai autoritário e castrador, qualquer limite significará rejeição ou ataque. Assim, a força da palavra e da ação do analista que se reveste do Pai deverá ser moderada pela imagem do Pai Bom, aquele que acolhe e aceita o filho pródigo. Todos nós ansiamos por este encontro. Talvez o analista deva viver no *setting* o pai suficientemente bom, parodiando Winnicott.

A fenomenologia do complexo paterno

O complexo paterno se estrutura na relação com o pai pessoal ou seu substituto, entremeada de elementos da fantasia provenientes do arquétipo paterno (Faria, 2003). É desnecessário dizer que, para Jung, as projeções arquetípicas do paciente são fator fundamental para a constituição e desenvolvimento do complexo, assim como o grau de saúde psíquica do progenitor, isto é, disposições pessoais da personalidade paterna.

Também não podemos deixar de lado, na constituição do complexo, a imagem do pai que é transmitida à criança, consciente ou inconscientemente, pela mãe. Frequentemente (ou sempre) a imago paterna é povoada de imagens veiculadas pela mãe, sem o contato direto com a criança, provocando na mesma uma atitude de idealização ou demonização do pai.

Também é importante assinalar que a imagem cultural também pode compor o complexo, imagem cultural esta veiculada pelo pai pessoal, meios de comunicação, expectativas da cultura quanto ao papel paterno etc.

Na clínica podemos receber a fenomenologia do complexo paterno em diversas formas de manifestação. Colocaremos aqui as que vemos como próprias deste complexo, pois muitas outras estão atreladas ao complexo materno ou ao complexo parental como um todo.

A fenomenologia do complexo se dá no âmbito relacional e no intrapsíquico. Ocorrem dificuldades pessoais com o pai, resultado de uma excessiva idealização e/ou de uma demonização do pai pessoal, ou uma aparente indiferença, no caso do pai ausente.

Na idealização o pai é visto como uma figura divina, tal como ocorre na parelha de pai-filho mitológica tipo Zeus-Apolo ou Zeus-Atená. O pai fica sendo a figura onde é depositada, no homem, a capacidade de um pensar autêntico, proveniente de si; pode gerar dificuldade de decisão; dificuldade de enfrentamento, principalmente na arena competitiva com os homens. O homem está identificado com o pai, mas há uma obstaculização no processo de individuação, podendo ocorrer algumas patologias, como quadros ansiosos e fóbicos.

Na mulher, a idealização do pai leva a uma identificação com o *Logos*, como Jung (2000) apontou, a ponto de a consciência feminina ser possuída por este aspecto, entendido como um aspecto negativo do *animus* ou do patriarcal (para alguns autores o *animus* negativo e o patriarcal se identificam). A mulher em geral segue o modelo Zeus-Atená, permanecendo fiel ao pai e a seus princípios. No entanto, precisamos diferenciar a identificação da mulher com o pai e com o *Logos* com o pensar autêntico da mulher, que pode ser devido à sua constituição tipológica ou ao seu processo de individuação.

A identificação com o pai pode levar a inúmeros conflitos, como dificuldade de relacionamento com os homens, em que a mulher ou se torna filha, no casamento, reproduzindo a relação filha-pai ou se torna psiquicamente o pai idealizado, a mulher-executiva que comanda a corporação ou o governo com braço de ferro.

A demonização do pai é resultado, em geral, da projeção de conteúdos sombrios no progenitor, a partir da disposição doentia ou, no mínimo, problemática do mesmo. O Pai terrível é constelado a partir de pais violentos, agressivos, devido a alcoolismo, drogas ou disposição psíquica. No entanto, as projeções arquetípicas às vezes são muito fortes, independente das disposições pessoais do pai pessoal.

O pai pessoal sempre é visto neste contexto como um pai devorador e agressivo, como *Cronos* e seus filhos. Estes sentem-se engolidos pelo pai, sem chance de um contato mais positivo. Na psicologia masculina pode haver dificuldade de identificação com a figura masculina e questões com a sexualidade, agressividade (auto e hetero), autoimagem negativa, insegurança e sobretudo uma dificuldade de colocar-se no mundo do trabalho e da cultura.

O mesmo ocorre com a mulher: em geral há uma dificuldade grande de libertar-se deste pai, permanece uma submissão ou uma guerra na relação pai-filha e com decorrências intrapsíquicas, como falta de iniciativa, dificuldades com o pensamento (fraqueza ou compulsão do pensamento) e com a reflexão, rigidez, autoestima baixa e dificuldade de se sentir uma mulher que possa ser amada, digna de amor.

A ausência do pai, por enfermidade, morte ou doença, ou simplesmente por ausência psicológica, que aparece na imagem da inexpressividade do pai na família, pode originar um complexo mais recôndito e provocar sintomas, como a depressão e quadros ansiosos. O pai ausente provoca sentimentos de insegurança, abandono e baixa autoestima.

O pai na transferência

Muitas pessoas que procuram a terapia com um homem já vêm com a indicação de "trabalhar o masculino" ou trabalhar a relação com o pai. No entanto, nem sempre isto ocorre de forma imediata, pois antes de mais nada a primeira fase da terapia gira em torno da formação do vínculo terapêutico e do acolhimento.

Com terapeuta homem em geral o que se constela antes é a figura do Pai bom, do pai idealizado, que sempre recebe sem crítica aquilo que é trazido, que ampara e que guia. Este grau de idealização precisa ser mantido a qualquer custo pelo paciente. Homens ou mulheres com complexo paterno positivo tendem a respeitar a configuração do *setting*, tomar a palavra do analista como verdade e não observam ou criticam as incoerências do analista.

Comportam-se como o filho ou a filha queridos que se amoldam às idiosincrasias do pai, meninos bons e obedientes. Têm muita dificuldade de entrar em contato com sentimentos sombrios de raiva e competição. Neste caso a idealização está a serviço da manutenção da imagem do pai apenas bom que protege a criança. Aqui ocorre um mecanismo que mantém o paciente infantil. No entanto, ela serve também como uma proteção do *Self* contra uma sombra patológica.

Já os que possuem o dito complexo paterno negativo não suportam muito as dificuldades do analista, seu eventual aborrecimento, sono ou distração. Tudo é compreendido como falta de amor, como rejeição. Eventualmente tornam-se agressivos, ameaçam de abandono a terapia ou entram numa posição masoquista de autoagressão. Observamos também que o sentimento de não ser nada perante o pai e depois perante o outro povoa o "clima" de quem vive ameaçado por este complexo, como assinala Kast (1997).

Num segundo momento da análise os pacientes descobrem o outro lado do pai: os que o idealizavam, passam a ver seus aspectos negativos e os que o demonizavam ou acusavam de ausência começam a compreender seu papel na dinâmica familiar e a restaurar os bons momentos vividos juntos. Aqui também ocorre um balanço da contribuição da mãe para a formação da imago paterna, a separação do par parental na consciência e o papel de cada figura parental na constituição das dificuldades do paciente. Aqui entramos em contato também com a criança ferida, o par do pai e que constitui um elemento essencial da psique dos pacientes.

Num terceiro momento da análise e da transferência pode haver a restauração do pai mais próxima da realidade pessoal, com a retirada progressiva das projeções. Assim, o pai bom e o pai mau se integram numa nova totalidade, seguindo o trabalho com a sombra. Também aqui a criança pode aparecer de forma mais espontânea e alegre, já que o ferimento emerge muitas vezes com a contraparte da cura, pelo curador interno.

Aqui também aparece frequentemente a questão do perdão, onde o paciente pode perdoar o pai e se perdoar pelas inúmeras falhas que cada um cometeu no relacionamento. Como uma experiência universal, arquetípica, o perdão pode ser um processo ritual de entrada num novo tempo, em que dois adultos podem se relacionar, não mais como pai e filho ou filha, mas como amigos, embora nunca se desfaçam de todo, como afirmava Jung, as projeções sobre pai e mãe.

Referências bibliográficas

FARIA, D. L. (2003). *O pai possível: conflitos da paternidade contemporânea.* São Paulo: Educ/FAPESP.

JUNG, C. G. (2001). *Os arquétipos do inconsciente coletivo.* Petrópolis: Vozes.

__________ (1983). *La psicologia de la transferencia.* Buenos Aires: Paidós.

__________ (2000). *Psicologia e alquimia.* Petrópolis: Vozes.

KAST, VERENA (1997). *Pais e Filhas,* Mães e Filhos. São Paulo: Loyola.

MONICK, Eugene (1993). *Falo: a sagrada imagem do masculino.* São Paulo: Paulinas.

WHITMONT, Edward (1995). *A busca do símbolo.* São Paulo: Cultrix.

RACISMO: MARCAS DE UM POTENTE COMPLEXO CULTURAL NO BRASIL

Guilherme Scandiucci

Este artigo pretende realizar uma reflexão teórica sobre o racismo como complexo cultural em nosso país, tendo como sustentação a psicologia analítica contemporânea. Parte do mesmo é fruto de pesquisa de mestrado defendida pelo autor no Instituto de Psicologia da Universidade de São Paulo (Scandiucci, 2005), sob orientação da Profa. Dra. Laura Villares de Freitas. Também será discutido brevemente um caso clínico ao final, para ilustrar esta mesma temática e como ela pode aparecer em atendimento psicoterápico individual.

"Raça" e racismo

Não é tarefa simples definir o termo "raça". Ele aparece em circunstâncias diversas e é usado de maneiras também diferentes, tanto em textos acadêmicos quanto no cotidiano.

Helen Morgan (2002), analista junguiana do Reino Unido, em seu artigo sobre o racismo, define de forma precisa e que vai ao encontro do que entendemos pelo termo "raça". Coloca que há uma evidência, oriunda de desenvolvimentos nas análises do DNA, que confirmam o que já se suspeitava: o termo "raça" é uma ideia construída, sem bases objetivas na biologia (por isso aparece aqui este termo entre aspas). Neste mesmo sentido, aponta o pós-junguiano Michael Adams (1998, p.92): "categorizações raciais não são fatores naturais, mas artefatos culturais, ou construtos, que são arbitrários". O autor defende a ideia de que "raça" não existe em qualquer realidade, exceto na realidade psíquica dos racistas (Adams, 1996).

Como coloca Grayling (citado por MORGAN, 2002), é uma ironia que, embora o racismo seja uma realidade, "raça" por si só é uma completa ficção que não possui base genética ou biológica.

Todos os seres humanos estão intimamente relacionados uns aos outros, e ao mesmo tempo cada ser humano é único. [...] raça é um conceito social, cultural e político baseado em aparências superficiais e condições históricas, em grande parte aquelas provindas de encontros com outros povos enquanto a Europa desenvolveu um alcance global com a escravidão e o colonialismo que a seguiu. (GRAYLING citado por MORGAN, 2002, p.567).

Vale citar também a reflexão de Octavio Ianni a respeito do tema:

A raça, a racialização e o racismo são produzidos na dinâmica das relações sociais, compreendendo as suas implicações políticas, econômicas, culturais. É a dialética das relações sociais que promove a *metamorfose da etnia em raça*. A "raça" não é uma condição biológica como a etnia, mas uma condição social, psicossocial e cultural, criada, reiterada e desenvolvida na trama das relações sociais, envolvendo jogos de forças sociais e progressos de dominação e apropriação. [...] Aos poucos, o traço, a característica ou a marca fenotípica transfigura-se em estigma. (IANNI, 2004, p.23, grifo do autor).

Vemos que esse autor também considera a "raça" um conceito criado no bojo das complexas relações sociais, retirando-o do campo do biológico ou natural. A etnia por sua vez estaria aí inserida. Entretanto, numa sociedade promotora de exclusão, a "raça" passa a ser uma categoria social, normalmente a partir de signos ou traços (IANNI, 2004).

Adams (1996, p.18) faz interessantes perguntas acerca das relações raciais, tais como: o racismo é simplesmente um artefato cultural, meramente o produto histórico acidental, por exemplo, do colonialismo, imperialismo e escravidão, ou é também, em alguma medida particular, um fato natural? As cores preto e branco têm significado natural, universal, essencial ou arquetípico?

Creio que a maior contribuição de Adams (1996) está em fazer uso da psicologia analítica para endereçar assuntos ligados à "raça" e ao racismo à perspectiva do inconsciente. Ao lado da sexualidade do inconsciente (instância a que os autores da psicologia profunda jamais negariam importância), ele fala da *"racialidade" do inconsciente.*

Adams (1996) enfatiza que, com esse termo, não propõe a existência de um instinto "racial", comparativamente a como certos psicanalistas pensam no instinto sexual. Tampouco afirma diferentes psiques a partir das diferentes "raças". O que o autor observa é que, para muitas pessoas, "raça" é um assunto, um conteúdo inconsciente, tão importante quanto, ou até mais importante que o sexo.

Adams (1996) ainda aponta que muito do que Jung chamava de coletivo é também culturalmente condicionado. Assim, entende que o inconsciente coletivo compreende não apenas fatores arquetípicos, mas também fatores étnico-culturais – o que certamente inclui fatores "raciais" – que têm como consequência o preconceito e a discriminação.

No que Adams chama de *construção psíquica da realidade*, o *self* continuamente tipifica projetivamente o outro. Há não apenas uma dimensão arquetípica, mas também cultural para a tipificação projetiva. Portanto, a visão individual da realidade externa é mediada – ou psiquicamente construída – por categorias ou "tipos" (sejam eles arquétipos ou estereótipos) que, se não naturalmente herdados, são tão culturalmente arraigados no inconsciente que quase o são. Finalmente, o que interessa a Adams (1996) são as dimensões coletivas de tipificações projetivas, e as maneiras como elas aparecem tanto inconsciente quanto conscientemente na experiência pessoal do indivíduo.

Assim, podemos pensar que a cultura deixa de ser percebida como um sistema estático e extrínseco, e o *self* como um sistema espontâneo e intrínseco: ambos passam a ser compreendidos de forma complementar e não dicotomizada.

As ideias de Gambini (2000) acerca da colonização do Brasil e a escravidão que a seguiu são úteis aqui. Tipificados, os índios (e mais tarde os negros) foram vistos como primitivos e inferiores. Assim como os portugueses que os enxergavam dessa forma de fato não os conheciam e não reconheciam as bagagens culturais desses inúmeros povos que aqui viviam, também não conheciam seus próprios inconscientes, tão carregados de primitivismos e inferioridades prontos para servirem de alvo de projeções.

Dias e Gambini (1999) colocam que o negro foi a segunda negação no Brasil (após o índio ter sido negado), tendo como diferença o reconhecimento da força de trabalho, a escravidão, que moveu a economia do país por um largo período de tempo. Na consciência coletiva vemos, de acordo com os autores, o negro como aquele que constituiu junto, mas nunca como aquele que está profundamente arraigado à nossa identidade.

Quando se pensa na constituição do povo brasileiro, tem-se consciência da presença do negro e da miscigenação, das contribuições dos povos africanos na música, na culinária, na religião etc., mas trata-se de uma presença em certa medida superficial de tais elementos culturais. Pois, ao se ressaltar as realizações do brasileiro, a parte cultivada de nossa alma, não é para os negros que se volta o olhar (DIAS; GAMBINI, 1999).

Complexos culturais

Como apontam Singer e Kimbles (2004a), embora Jung tenha incluído o nível cultural em seu modelo para pensar a psique, sua teoria dos complexos nunca foi sistematicamente aplicada à vida dos grupos e ao que Jung e seus seguidores costumavam chamar de coletivo. Para compreender a psicopatologia e distúrbios emocionais de grupos, tribos e nações, Jung não explorou sua teoria original dos complexos, deixando um grande buraco na psicologia analítica.

E então temos o conceito de *complexo cultural* desenvolvido por esses autores. Assim como complexos pessoais emergem do nível do inconsciente pessoal em suas interações com níveis mais profundos da psique e relações parentais/familiares recentes, complexos culturais podem ser pensados como provindos do inconsciente cultural, pois este interage com as camadas arquetípica e pessoal da psique e com a arena do mundo externo compartilhado das escolas, comunidades, mídia e as outras formas de vida grupal e cultural (SINGER; KIMBLES, 2004a).

Complexos culturais são baseados em experiências grupais repetitivas e históricas, que fincaram raiz no inconsciente cultural do grupo. A qualquer momento, esses sonolentos complexos culturais podem ser ativados no inconsciente cultural e podem tomar a psique coletiva do grupo e a psique individual/coletiva de membros individuais do grupo. Complexos culturais tendem a ser autônomos e resistentes à consciência, e coletam experiências que confirmam seus pontos de vista históricos (SINGER; KIMBLES, 2004a).

A noção de complexos culturais não é o mesmo que a identidade cultural nem que o caráter nacional, mas pode facilmente ser confundida com eles. Uma identidade cultural não dominada por um complexo é muito mais livre para interagir no mundo com outras pessoas sem estar sujeita a conteúdos emocionais altamente carregados que podem rapidamente alterar a percepção e o comportamento de grupos em relação uns com os outros. Uma vez que o complexo cultural é ativado, entretanto, a identidade cultural cotidiana pode ser apossada pelo afeto do complexo cultural, frequentemente construído ao longo de séculos de experiência traumática repetitiva.

Complexos culturais estruturam experiências emocionais e operam na psique pessoal e na coletiva da mesma forma que complexos individuais, embora seus conteúdos possam ser bem diferentes. Como complexos individuais, complexos culturais tendem a ser repetitivos, autônomos, resistentes à consciência e coletam a experiência que confirma seus pontos de vista históricos. Tendem a ser bipolares, então quando são ativados o ego grupal ou o ego individual de um membro do grupo se torna identificado com uma parte do complexo cultural inconsciente, enquanto a outra parte é projetada no gancho apropriado de outro grupo ou de um de seus membros. Indivíduos e grupos possuídos por um complexo cultural em particular automaticamente adotam uma linguagem corporal e posturas compartilhadas ou expressam seus infortúnios em queixas somáticas similares. Finalmente, como complexos pessoais, complexos culturais podem prover àqueles que foram pegos em suas potentes redes de histórias e emoções uma certeza simplista a respeito do lugar do grupo no mundo, diante de incertezas ambíguas e conflitantes, por outro lado (SINGER; KIMBLES, 2004b).

Para resumir, complexos culturais são baseados em experiências grupais históricas, repetitivas, que se enraizaram no inconsciente cultural do grupo. Em qualquer momento oportuno, esses complexos culturais adormecidos podem ser ativados no inconsciente cultural e tomar conta da psique coletiva do grupo; através deste canal as psiques individuais dos membros podem ficar impactadas. A sociologia interna dos complexos culturais pode agarrar a imaginação, o comportamento e as emoções da psique coletiva, e desatrelar forças tremendamente irracionais em nome de suas "lógicas" (SINGER; KIMBLES, 2004b).

Os cinco elementos chave para considerar numa definição funcional dos complexos culturais são que eles: 1) funcionam no nível grupal da psique individual e dentro do grupo; 2) funcionam autonomamente; 3) organizam a vida grupal; 4) facilitam a relação do indivíduo com o grupo e o funcionamento interno do indivíduo; e 5) podem sustentar um sentimento de pertencimento, identidade e continuidade histórica.

Apesar de os complexos culturais estarem envolvidos positivamente no senso do indivíduo de pertencimento e identificação com seu grupo de referência, e proverem um centro nuclear para a vida grupal, negativamente, na base deste pertencimento geram-se estereótipos, preconceitos e toda uma psicologia de ameaça da diversidade. Todo grupo tem um volume de imagens sobre aqueles que são *diferentes* (SINGER; KIMBLES, 2004b).

Pele negra, *persona* branca

Hélio Santos (2001) observa uma característica interessante da sociedade brasileira: temos uma culinária rica, recheada de influências as mais diversas (portuguesas, africanas, italianas, chinesas...). Tais influências penetraram aqui, mas em geral ganharam sabor próprio, misturando-se entre elas; passa a ser, portanto, cozinha brasileira. Santos faz então o excelente comentário: "No campo culinário foi possível transformar em brasileira a comida originalmente vinda de fora. Perguntamos: a alquimia de nossa identidade dá conta de fazer isso também com pessoas?" (p.443).

A persona ganha relevância na presente discussão, porque é o lugar, psicologicamente, onde indivíduo e sociedade se encontram e interagem. Assim, naturalmente, a persona é quase sempre o primeiro lugar onde o efeito da cultura é visto.

Falando a respeito da sociedade norte-americana, Hopcke (1995) coloca que os negros são invisíveis, por consequência do racismo. Primeiramente, porque são pouco vistos nos negócios e no governo e, portanto, na mídia. Em segundo lugar, porque quando os negros aparecem na publicidade, em posição de preeminência de poder, há uma pressão em cima deles para perderem suas etnicidades e adotarem um visual "branco".

Assim, dentre os efeitos psicológicos do racismo, a persona é o *locus* para boa parte do conflito e da dor experimentada pelos negros (e outras etnias minoritárias) dentro de uma sociedade racista, dominada pela parcela "branca". Muitas vezes, a resolução para essa situação ocorre através do cultivo de uma identificação eventual com uma persona que Hopcke batizou de persona "vazia". A partir de sua experiência clínica, o autor concluiu que às vezes uma persona existe, mas é inconscientemente mantida vazia, carente de características individuais, quando encontra dificuldades para desenvolver-se verdadeiramente (HOPCKE, 1995).

Ilustrações da clínica

Para encerrar, gostaria de trazer algumas passagens de uma paciente por mim atendida, nas quais julgo que a temática deste complexo cultural está em jogo. Seu nome evidentemente não é real.

Ana, 30 anos, trabalha numa empresa multinacional com escritório em São Paulo. Seu pai nasceu num país da África, sua mãe é brasileira; ambos negros. A pele de Ana é bem escura, alguns de seus traços faciais são típicos de descendentes de africanos.

A queixa de Ana não está diretamente ligada à questão racial. Ela fala inicialmente de certas dificuldades, como confiar nas pessoas e se relacionar afetivamente. Frequentemente se decepciona com amigos, quando estes fazem algo que a desagrada ou se mostram egoístas. Teve um namoro que durou cerca de sete anos e está "solteira" há cerca de quatro anos. Não faz grande investimento nos parceiros com os quais ocasionalmente se relaciona, geralmente por não terem as qualificações que ela minimamente espera de um homem.

Ana fala de um pai autoritário, pouco incentivador, e que praticamente abandonou a família (ela, mãe e um irmão) em sua adolescência. Tendo origem pobre mas conquistando melhor renda ao longo dos anos num negócio próprio, o pai de Ana se separou e deixou os filhos com poucos recursos, ela narra. Apesar disso, já adulta ela diz, por exemplo, ter ajudado o pai quando ele teve problemas de saúde – ele nunca teria expressado gratidão por tais gestos.

A cliente impressiona em sua aparência – e creio que este meu comentário é bastante acentuado pelo fato de ela ser negra, o que já mostra uma situação que toca no complexo cultural em questão. É uma mulher notoriamente bonita. Está sempre muito bem vestida e fala de modo relativamente formal. Se fosse branca, evidentemente também impressionaria, mas seria diferente, suponho. Primeiramente, não é comum receber uma pessoa de pele tão escura num consultório privado em área nobre da cidade. Com elegância quase misteriosa, chama ainda mais a atenção. Talvez eu tenha lançado mão de uma pequena dose de preconceito e a tenha percebido como portadora de uma beleza "exótica" em algum lugar não exatamente consciente.

Passados cerca de dois meses de encontros semanais, Ana toca na temática racial. Segundo ela, dos cerca de 600 funcionários qualificados na empresa, apenas ela e mais um são negros. Então revela que sua vestimenta, bem como sua maneira discreta de agir, foram construídos ao longo do tempo, na tentativa de minimizar as chances de cair em clássicas armadilhas preparadas pelo preconceito. Isto é, para não preencher o estereótipo da negra sensual, sambista, com apetite sexual, Ana monta um figurino e trejeitos para um personagem sóbrio, sério, focado no trabalho, com "cara de poucos amigos". A construção de sua persona, enfim, passa pela vivência na pele (literalmente) do complexo cultural racial brasileiro.

Este é um caso interessante para se pensar a intersecção entre o nível pessoal e o cultural do complexo. Fazemos tal separação de camadas para fins didático-teóricos, mas a aparição do complexo enquanto núcleo inconsciente autônomo é em geral uma única coisa na vida dos pacientes. Ana contém – por vezes de forma excessiva – suas reações mais agressivas; tem dificuldade de se entregar afetivamente aos outros e mesmo prover carinho para as pessoas, inclusive as bem próximas. Apresenta esporadicamente descamações na pele – algo que neste contexto assume enorme potência simbólica.

Obviamente certas fantasias e defesas remontam ao tratamento dado pelo pai, à vivência de abandono seguida de pobreza material, enfim, à experiência de desamparo de forma geral. Mas sua condição racial é de extrema relevância e não pode (com o perdão do trocadilho) passar em branco pelo psicoterapeuta. Em suma: as características de sua persona têm coerência com o complexo pessoal, mas respondem perfeitamente ao complexo cultural.

Referências bibliográficas

ADAMS, M.V. Desegregating the White Ego: Racism and the Ethic of White Civilization. *Spring*, Woodstock, v. 62, p.87-103, 1998.

_______. *The Multicultural Imagination:* "Race", Color and the Unconscious. London & New York: Routledge, 1996.

DIAS, L.; GAMBINI, R. *Outros 500:* uma conversa sobre a alma brasileira. São Paulo: Editora Senac, 1999.

GAMBINI, R. *Espelho Índio*: A Formação da Alma Brasileira, São Paulo: Axis Mundi/ Terceiro Nome, 2000.

HOPCKE, R. H. *Persona: where sacred meets profane.* Boston & London: Shambhala, 1995.

IANNI, O. O Preconceito Racial no Brasil. Entrevista de Octavio Ianni. *Estudos Avançados / Universidade de São Paulo*, São Paulo, v. 18, n. 50, p.06-20, 2004.

MORGAN, H. Exploring Racism. *Journal of Analytical Psychology*, Oxford, v. 47, p.567-581, 2002.

SANTOS, H. *A busca de um caminho para o Brasil.* A trilha do círculo vicioso. São Paulo: Ed. Senac, 2001.

SCANDIUCCI, G. *Juventude negro-descendente e a cultura hip hop na periferia de São Paulo: possibilidades de desenvolvimento humano sob a ótica da psicologia analítica.* 2005. 140 p. Dissertação (Mestrado em Psicologia) – Instituto de Psicologia, Universidade de São Paulo, São Paulo. 2005.

SINGER, T.; KIMBLES, S. Introduction. In: SINGER, T.; KIMBLES, S. (Org.). *The cultural complex: contemporary Jungian perspectives on psyche and society.* Hove and New York: Brunner-Routledge, 2004a.

_______. "The emerging theory of cultural complexes". In: CAMBRAY, J.; CARTER, L. (orgs.). *Analytical Psychology – Contemporary perspectives in Jungian analysis*. Hove and New York: Brunner-Routledge, 2004b.

RESTAURAÇÃO DO EIXO EGO-*SELF* ATRAVÉS DA COMBINAÇÃO DA ANÁLISE JUNGUIANA E A TERAPIA DE SANDPLAY

Zilda Machado

Geralmente os cenários refletem os labirintos do inconsciente.
Cada símbolo carrega os nossos mais profundos sentimentos e emoções.
Aprender a olhar com todas as funções as imagens que se
apresentam, "ver", "ouvir" e saber aguardar o momento da revelação,
é o segredo do Sandplay

Estamos falando do método psicoterapêutico não verbal criado por Dora Kalff, baseado no seu grande interesse pela cultura oriental, no World Technique de Margaret Lowenfeld e nos princípios postulados por C. G. Jung e seus seguidores, destacando-se Erick Neumann, com a teoria arquetípica do desenvolvimento.

Meu objetivo neste espaço é dar uma pincelada no *sandplay* através do recorte de um caso clínico. Escolhi para isso a fase em que se evidencia a estruturação do feminino marcado por um complexo parental negativo. Trata-se de uma jovem de vinte e seis anos, brasileira, casada, formada em propaganda e marketing.

Recebi a paciente, que vou chamar de Alice, pedindo ajuda para resolver um problema que a angustiava muito. Era casada, tinha se apaixonado por um colega de trabalho, queria então pedir a separação, mas não sabia como fazê-lo sem magoar o marido.

Pretendia ter tudo resolvido no prazo de um mês para poder viver tranquilamente essa paixão. Pergunta, então, se três sessões seriam o bastante. É interessante observar como a expectativa das pessoas em relação á analise é marcada pelo imediatismo.

Como logo nesse primeiro contato Alice foi dizendo qual sua dificuldade e em seguida pediu ajuda para uma resolução breve, procurei verificar seus sentimentos em relação ao fato e mostrar-lhe as implicações de sua decisão. Terminado o tempo da entrevista, ela decidiu que voltaria mais uma vez. Fiquei sem saber ao certo se voltaria ou não, pois não me parecia muito satisfeita com nosso encontro, saía com mais questões do que chegara, e não era essa sua intenção. Na verdade não era assim que estava acostumada a resolver os seus problemas.

Na sessão seguinte ela ainda mantinha a ideia de solução em tempo reduzido. Em momento algum tentei demovê-la, apenas fui fazendo com que entrasse em contato com a situação de outra forma e não apenas como um contrato de casamento que queria desfazer sem sofrimento.

No início da análise ficamos num trabalho verbal; trazia muitas questões práticas que queria discutir. Não trazia sonhos, mas parecia se envolver com seu processo e não voltou a falar no número de sessões, o que para mim significava não apenas conduzir, mas também ser conduzida. Aos poucos foi entrando em contato com seus sentimentos, o que provocava muito choro, embora ainda não conseguisse discriminá-los. Bastante oportuno este choro, pois segundo Edinger (1985) está relacionado *à operação alquímica Solutio*, através da qual os conteúdos derretem para depois tomar uma nova forma.

Durante o processo de separação Alice apresentou sentimentos contraditórios; ora sofria pelo marido, ora sofria por si mesma e pelo que teria de enfrentar e ora pelo amante. Muitas vezes se desesperava sem saber o que sentia de verdade. Dentro deste caos, ela buscava respostas práticas e objetivas que não encontrava. Após a saída do marido e terminadas as divisões, ela se viu só em seu apartamento, meio vazio, ficando então frente a frente consigo mesma.

Poucas lembranças trazia de sua infância e adolescência. O que mais a marcou nessa época foram as mudanças de país e a necessidade de submissão aos padrões parentais. Relata que, dos quatro aos dezoito anos, morou em diversos lugares: Europa, Brasil, México, Canadá e que, finalmente, voltara para o Brasil há 10 anos.

Esses períodos foram intercalados de alegria, tristeza e culminaram com uma depressão ocorrida no Canadá. De volta ao Brasil, cursou Propaganda e Marketing, namorou e casou. Escolheu um rapaz inteligente, atencioso, porém muito fechado e pouco comunicativo.

Provavelmente, para Alice, esta decisão poderia estar representando uma tentativa inconsciente de se libertar das forças parentais através do encontro com o outro. A escolha seguiu padrões lógicos e racionais, que tevaram a uma união defensiva, resultando na separação do casal.

O casamento refere-se à união de substâncias que ainda não se encontram completamente separadas. É sempre necessária a morte destas para haver o encontro verdadeiro.

Alice ia se mostrando um tipo pensamento, com padrões de comportamento moldados pela figura masculina, acostumada a acatar e executar suas ordens (pai, chefe, marido). Ao se ver dominada pelo sentimento sua função inferior não conseguia encontrar uma saída e nem uma explicação lógica para a situação.

Frente às suas queixas podemos pensar em um complexo parental negativo que a impedia de assumir uma identidade, em que aspectos das duas nacionalidades - dos pais - pudessem estar presentes de forma a promover seu crescimento pessoal. Podíamos ver claramente duas forças opostas presentes: por um lado, a mãe depreciando a figura paterna para a filha, sendo que esta possuía aspectos conscientes e inconcientes, marcadamente significativos do pai, que para ela simbolizava seu lado europeu; por outro lado o pai autoritário exigindo da figura feminina submissão e subserviência, bloqueando suas emoções e sentimentos, o que para a paciente simbolizava seu lado brasileiro, então considerado de menos valia.

Com base neste histórico, levantei a hipótese de uma dissociação ego-*Self* que poderia estar provocando a paralização do crescimento pessoal. Sabemos que o processo analítico não deve estar apenas a serviço do ego, que deseja encontrar respostas lógicas e objetivas, mas também a serviço da realidade subjetiva.

Frente à forma caótica com que apareciam seus sentimentos e o quanto isso a assustava, concluí que talvez o contato da areia com as mãos em um "espaço livre e protegido" poderia ajudá-la a compreender melhor o que estava acontecendo.

E assim, na expectativa de aproximá-la de seu inconsciente, propus o trabalho com *sandplay* que, como vimos, é uma forma criativa de terapia que utiliza a imaginação: "*A 'imaginatio' é pois um extrato concentrado de forças vivas do corpo e da alma*" (Jung, 1990, § 394).

Tecnicamente o *sandplay* propõe o contato com o inconsciente em um "espaço livre e protegido" com duas caixas de areia, uma seca e outra molhada, uma prateleira com miniaturas que, dependendo da vontade do paciente, podem ou não ser usadas na construção de um cenário. O analista precisa estar preparado para não compreender o que está vendo e, ao mesmo tempo, precisa saber que está diante de um conteúdo que não pode ser negligenciado e sim resguardado para não ser novamente engolido pelo inconsciente.

Além da consciência e da empatia, o *sandplay* requer que ambos, analista e paciente, estejam prontos para partilhar as mais diferentes experiências. Estas envolvem transferência, contratransferência e ressonância, instrumentos fundamentais da análise junguiana.

Dora Kalff coloca que o espaço livre e protegido, criado pelo terapeuta, propicia o aparecimento de imagens de reconciliação, totalidade, restabelendo a ligação entre o ego e o Self (Kalff, 1980).

Jung nos diz que:

> Os pacientes que não conseguem entrar em contato com o material inconsciente, muitas vezes através das mãos conseguem dar vida a esses conteúdos, deixando vir à tona aspectos ocultos de sua personalidade (Jung, 1984).

Segundo Menuhim:

> Enquanto a psicoterapia verbal de Jung progride (trabalhando com complexos, sonhos e problemas do crescimento), acrescentar o uso do *sandplay* promove uma regressão criativa que possibilita a cura através da interpretação tardia e o desencorajamento deliberado do pensamento racional. Os dois processos se complementam criando um efeito sinergésico positivo (Ryce-Menuhim, 1992, p.3).

Vamos ver um recorte deste processo. É interessante observar os cenários realizados pela paciente que mostram seu envolvimento com o processo analítico, bem como o desbloqueio desses aspectos encapsulados.

Seu processo constou de cinquenta e seis cenários. Deteremo-nos apenas naqueles envolvidos na temática: liberação do eu do complexo parental. A partir desta fase foi possível desenvolver outros aspectos de sua personalidade.

Havia por parte da paciente uma vontade muito grande de descobrir novos caminhos e soluções para seus problemas, de modo que procurava colaborar no que fosse possível para o andamento do seu processo. Praticamente não houve uso de miniaturas; as imagens resultaram do encontro das mãos com a areia.

Quando o paciente não faz uso de miniaturas e trabalha só com areia, isto é, desenha, calca, pousa as mãos na areia, ou mesmo constrói imagens, consideramos que a pessoa está presente, pois esta é também uma forma de se colocar, de imprimir identidade, de dizer: "Eu estou aqui." Estas manifestações evidenciam que a consciência é capaz de participar do processo e dos caminhos do *Self*.

Ao propor o uso do sandplay dentro da análise junguiana foi se formando o que podemos denominar de um *setting* dentro do *setting* terapêutico.

1ª Cenário

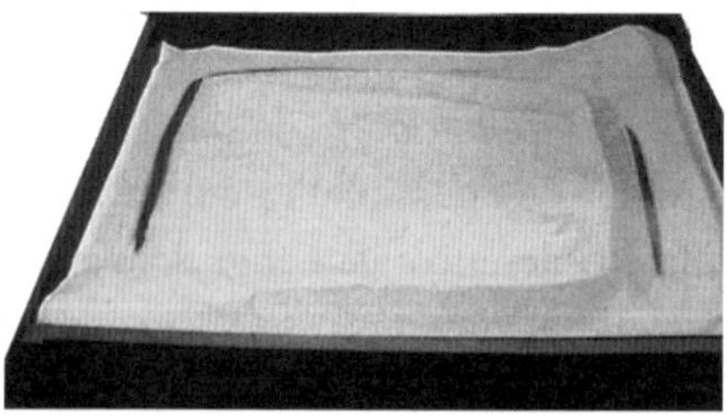

O contato com o *setting* do Sandplay aparentemente não causou estranheza; ela foi logo sentando e mexendo na areia. Pouca atenção deu às minhas explicações.

À medida que começou a mexer na areia seus sentimentos foram aparecendo, sendo verbalizados e se tornando mais claros: muita tristeza pela separação e pela não compreensão dos pais. Para a mãe, que é espírita, a separação do casal era quase inaceitável; além disso, achava que a filha precisava andar recatada para não ficar “falada”. Para o pai ela devia se desfazer do seu apartamento e voltar à condição de filha, recebendo suas ordens. Para ele a questão dos bens materiais e a da autoridade masculina eram muito importantes; já para a mãe contava a reputação da filha. O questionamento era sobre o que fazer agora, como se organizar na vida nova, onde morar: no apartamento quase vazio (sem identidade) ou na casa dos pais sob a proteção dos mesmos? Muita busca.

A imagem mostra, além da construção de um *temenos* (espaço sagrado), local onde ocorrem as transformações, a necessidade de separação dela do restante do mundo. Há uma busca para encontrar seu espaço na vida. As bordas já começam a indicar esse aspecto e chamam atenção para a procura de espaço e expansão.

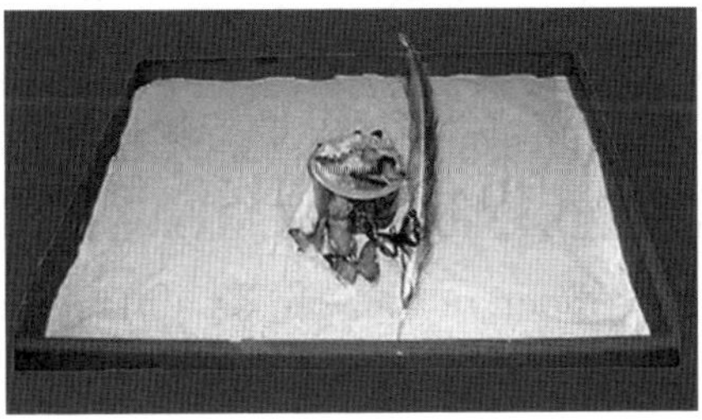

2º Cenário

Neste cenário ela explorou as miniaturas, fez comentários sobre a quantidade de objetos e pôs um pote de ametistas no centro da caixa; depois colocou as borboletas, em seguida o gato, por último a pena. Olhou e gostou do resultado final. Achou que fez algo muito importante. Pergunto como se sente e ela chora bastante dizendo que este trabalho a toca muito. Aos poucos foi se recompondo e olhando novamente para o cenário. Disse:

"Tenho muitas questões para resolver."

Esta imagem reforça sua necessidade de transformação. Neste ponto acho importante descrever os objetos pois nos mostram a relevância do aspecto simbólico do método:

O pote: na Índia, é um símbolo aquático, sobretudo um símbolo feminino. Frente às suas queixas, um pote de ametistas em estado bruto tem a ver com a necessidade da descoberta desse feminino pouco valorizado ou pouco trabalhado, já que a ametista está associada à transformação. Usa-se ametista para fazer um sabonete estimulante e útil para a renovação da pele.

A borboleta e o sete: temos ao todo sete borboletas, três em baixo e quatro em cima do pote; o número sete é o símbolo universal de uma totalidade em movimento, ou de um dinamismo total. Encerra, entretanto uma ansiedade, pelo fato de que indica a passagem do conhecido para o desconhecido.

A borboleta: ligada à graça e ligeireza, no Japão está relacionada ao feminino; devido ao seu processo de metamorfose, também está ligada ao símbolo da ressurreição. É também considerada, por exemplo, entre os Astecas, como símbolo da alma.

Entre os gregos a personificação da alma (Psique) era geralmente representada por uma figura feminina, com asa de borboleta. Popularmente usa-se o termo "borboletear", que significa não parar, o que a paciente tenta não fazer mais.

O gato: oscila entre tendências benéficas e maléficas, possui sagacidade, engenhosidade e clarividência. Traz com ele a sensualidade e a sexualidade, a liberdade, o aspecto exploratório, bem como o feminino. Está relacionado à transformação num nível profundo, à ancestralidade. Em muitos mitos o feminino bloqueado assume a forma de gato.

A pena: ascensão celeste, clarividência, crescimento da vegetação. Penas estão ligadas ao cabelo e à fertilidade, elas sobem para o céu de onde vem chuva fertilizante. As peças mais preciosas da arte plumária brasileira estão na Holanda (uma cultura diferente da nossa).

Localização dos objetos: O centro da caixa demonstra um ego forte o suficiente para passar pelas transformações necessárias ao seu desenvolvimento.

Neste cenário podemos ver surgir o símbolo do Vaso Alquímico e da Psique. Emerge no centro um aglomerado de símbolos que demonstram a presença de todos os recursos necessários para a transformação. Este cenário tornou o prognóstico do caso bastante promissor.

Após a separação, a paciente foi percebendo que a paixão pelo outro (amante) ia desaparecendo e entendendo o que significara aquela relação: uma forma de trazer à tona sua infelicidade conjugal. Penso que a opção de continuar morando no seu apartamento estava em sintonia com suas necessidades inconscientes, embora ela não tivesse consciência do fato.

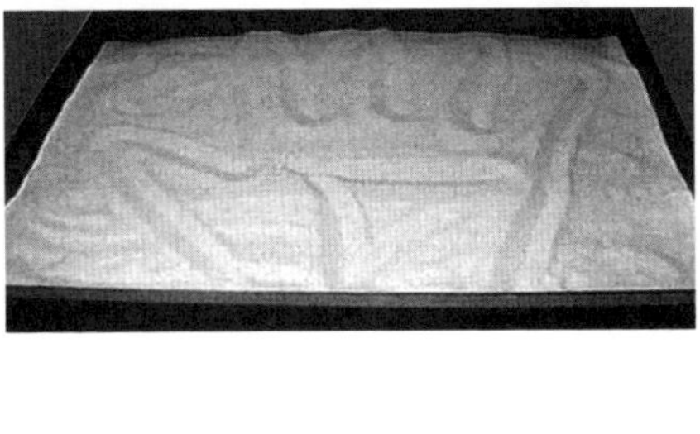

3º Cenário

Quando ela fez este cenário já estava mais fácil o trabalho com *sandplay*. Passa a sessão toda mexendo na areia e comparando os dois homens (ex-marido e o amante).

Aos poucos vai dando uma forma na areia e desenha a mão direita. Mas o que vemos é a palma da mão esquerda, mostrando bem delineadas, segundo a quiromancia, as linhas do coração e da vida. Podemos pensar que é através do conhecido (mão direita) que a paciente conseguirá mostrar o oculto (palma da mão esquerda)

Nos cenários seguintes há uma decomposição do feminino, etapa necessária para que ela busque sua própria identidade.

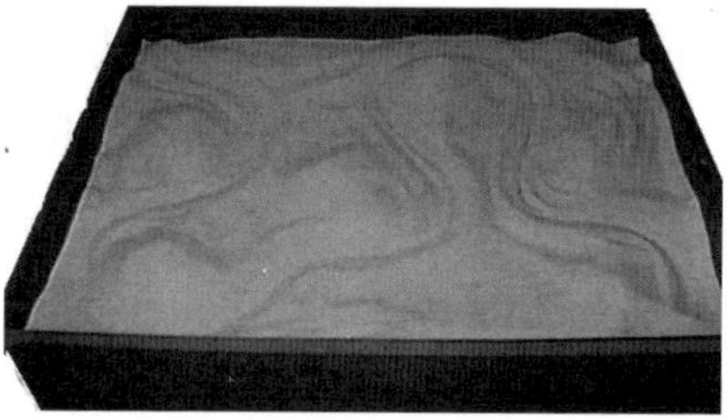

4º Cenário

Aqui vemos uma divisão; os seios, segundo a paciente, estão do lado esquerdo (mais inconsciente) e a cabeça à direita (mais consciente).

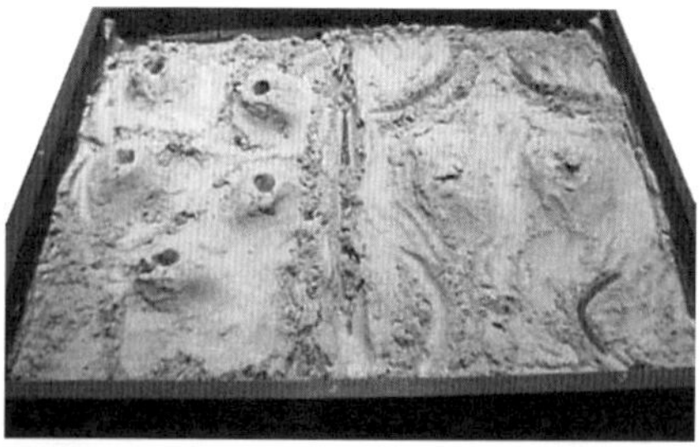

5º Cenário (areia molhada)

Aqui o tema se repete, a paciente divide a cena ao meio. E diz: "O feminino de um lado, do outro meus problemas".

Podemos ver que colocou do lado esquerdo aquilo que chama

de seus problemas, representados por 5 elevações furadas ao meio, como se dessem origem ao corpo que está querendo se formar do outro lado (direito).

Desta vez ela tirou a cabeça da imagem. Esta separação (cabeça e corpo) lembra a operação alquímica *Mortificatio* que, simbolicamente, significa a compreensão e o sofrimento pelos quais a alma precisa passar. Para a paciente, a falta da cabeça, o que poderia estar significando a necessidade de deixar o racional de lado, para poder encontrar outros aspectos de sua personalidade.

6º Cenário

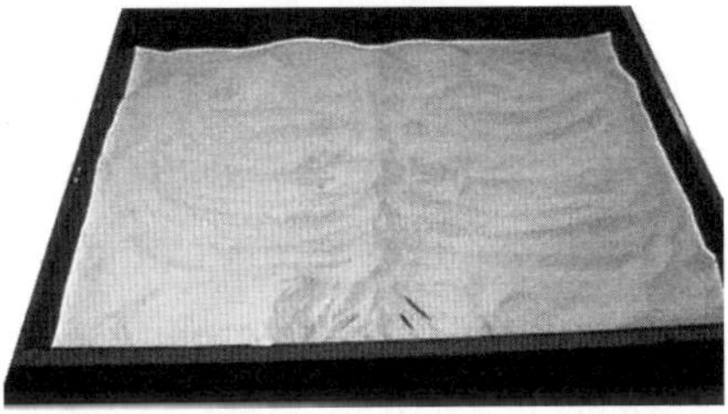

Desta vez o contato com a areia provoca muito choro.

Ao "finalizar" diz: "Fiz uma costela"

Aqui podemos pensar na criação da mulher. Deus, segundo a bíblia, fez a mulher da costela de Adão. O *Self* está ajudando a reconstrução desse feminino, deixando a mulher renascer. Este cenário pode estar mostrando um início de estruturação.

7º Cenário

Aqui ela faz uma borboleta. Seu inconsciente parece indicar sinais de continuidade. Desenhar na areia uma borboleta indica um movimento da psique, uma nova ordem da consciência.

Aos poucos vão surgindo imagens que demonstram que já está conseguindo confrontar de forma mais consciente seus valores, podendo começar a assumir aquilo em que acredita.

8º Cenário

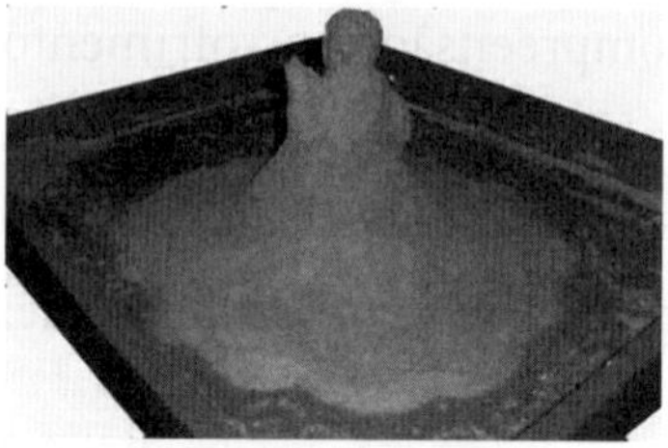

Chega à sessão bastante alegre e conta que já consegue ir à balada sozinha e se divertir a noite toda. Segue contando suas façanhas, montando essa imagem e de repente exclama:

"Olha o que está saindo! É a mulher dentro de mim"

Parece que agora está se dando conta do seu processo, fica feliz de ver e reconhecer a cena. Elogia o *sandplay* e diz: "Parece que estou acordando e me vendo."

Sinto toda a alegria transmitida pela paciente.

Neste cenário expressa a elevação do feminino integrado à consciência. E diz: "Agora sou eu inteira."

Ao analisarmos os cenários conjuntamente podemos dizer que o desenvolvimento do trabalho justificou a validade do uso do *sandplay* e da análise verbal conjuntamente. Era preciso atender suas necessidades lógicas e racionais para que ela pudesse trazer à tona e organizar os sentimentos e emoções que iam surgindo.

A possibilidade de atender esses dois lados facilitou o confronto com a sombra, bem como a retirada de projeções das figuras paternas, liberando assim as imagens arquetípicas.

Durante seu processo a paciente trabalhou, além do feminino, as figuras masculinas de sua vida: pai, irmão, ex-marido, namorados. Mas foi na figura do avô (pessoa ativa, inteligente, trabalhador e carinhoso) que conseguiu integrar esse outro lado de sua personalidade.

Esse foi apenas um recorte de seu processo, aquele que a paciente queria fazer em três dias mas que durou três anos.

Obs.: Este caso clínico foi publicado na íntegra no *Journal of Sandplay Therapy*, vol 19 n. 1, 2010.

Referências bibliográficas

AMMAN, Ruth (2002). *A terapia do Jogo de Areia: imagens que curam a alma e desenvolvem a personalidade.* Trad. Marion Serpa. São Paulo: Paulus.

JUNG, C.G. (1984). A natureza da Psique. Trad. Pe. Dom Mateus Ramalho Rocha, OSB, *OC* vol. VIII/2. Petrópolis: Vozes.

____________ (1991). Psicologia e alquimia. Trad. M. Luiza Appy, Margaret Makray, Dora Ferreira da *Silva. OC* XII. Petrópolis: Vozes.

KALFF, Dora. (1980). *Sandplay: a psychotherapeutic approach to the psyche.* Santa Monica: Sigo Press.

MACHADO, Z.M. de P., Recovering the feminine identify in sandplay therapy - Journal of Sandplay Therapy, Vol.19, number 1, 2010

RYCE-MENUHIN, Joel. (1992) *Junguian Sandplay: The wonderful Therapy.* Routledge London and New York.

LIMITES A SEREM DADOS E LIMITES QUE A VIDA DÁ

Paulo Corazza

O humano desenvolve seu Ser no contato com o outro e *somente* no contato com o outro. O seu potencial arquetípico se atualiza, desde o nascimento da criança, na presença de seus cuidadores, no tato e no contato, na troca de olhares, cheiros, movimentos, na satisfação de suas necessidades básicas, e também na satisfação das necessidades básicas de seus cuidadores. "A mãe dá seu seio e seu an-seio durante a amamentação de seu rebento" (Winnicott, 2000, p.317-318).

Ao atender crianças em meu consultório deparo-me, cada vez mais, com suas atitudes onipotentes em relação ao mundo em que vivem, atitudes de birra, impositivas, tirânicas, crianças que não suportam ambivalências, contradições, em uma idade que já poderiam e deveriam aguentar um não, um talvez, suportar um adiamento na satisfação de seus desejos, condições mínimas para conviver com o mundo e consigo mesmas. Uma criança de seis anos de idade pegava um grande espelho e em uma brincadeira, síntese diagnóstica de seu momento na vida dizia, ao deparar-se com sua imagem refletida: "Só tem eu, só tem eu, só tem eu!!!", rindo muito alto e levando o espelho para todos os cantos da sala de ludo. São crianças com muita força, presença, vitalidade mas, ao mesmo tempo, frágeis, desorganizadas, imaturas ao manter esta posição onipotente.

Parece-me uma característica de nossa época, atendendo a uma ideia de "liberdade", a um "não posso incomodar o outro em sua individualidade e escolha, não posso cobrar o outro, assim como não aceito ser cobrado, o outro tem que 'ser livre' para optar e seguir o próprio caminho" (texto dito por um casal há alguns anos sobre seu filho de sete anos). Este discurso não faz sentido em uma fase da vida na qual a criança precisa do outro para se organizar, para crescer, para se tornar "si-mesma", superar a onipotência inicial, suportar ambivalências, lidar com frustações, gerar cascas em sua própria pele. "Viver é perigoso" já dizia Guimarães Rosa. O texto do casal acima contrasta com o de uma amiga; diante de seus dois filhos pré-adolescentes tentando convencê-la a ouvir rock pauleira na hora do almoço e ela dizendo para desligarem a música. "Mãe nós somos maioria, 2 a 1, vencemos a votação, e como estamos em uma democracia nós não vamos desligar, não". Ela responde: "Primeiro: não estamos em uma democracia, mas em uma ditadura. E por acaso eu sou a ditadora e podem desligar o rádio, sim". Viver é realmente perigoso.

Ao nascer o ser humano já tem um corpo e uma alma a serem desenvolvidos. Este Eu-Sou se manifestará nesta relação com o contexto onde habita, na relação com os cuidadores que o amparam O animal ser humano é extremamente frágil, incapaz de sobreviver sem ser assistido; necessita anos para se tornar autônomo.

Ele já vem com um instinto de autopreservação que se expressa na pulsão para buscar alimentos, buscar o ar que respira, urinar, defecar... O bebê precisa ter a vivência de "não estar só", a sensação da fusão total, de ser contido pelo cuidador, para ter a sensação de estar vivo (ARAÚJO, 2000, p.52).

Dar limites, para mim, é fazer um dado recorte, diante do ilimitado, é co-construir uma forma com a criança, é dar forma ao disforme, é ajudar a produzir o singular sobre o potencial arquetípico já pré-existente, é desvelar. Eles são dados no dia a dia das relações: hora da alimentação, do banho, do ninar, do contar estória, do ouvir estórias, no tempo do contato, no tempo da distância, no tempo da escuta, no tempo do brincar, possibilitando a criação deste campo intermediário do imaginário e do campo da discriminação.

A criança tem necessidade de ser olhada, tocada, acariciada, ouvida. Ser afastada dos pais, especialmente da mãe, sentir seu cheiro, sua voz, deixar de senti-la, faz a criança viver a falta, a perda. A reaproximação traz satisfação, preenchimento (ARAUJO, 2000, p.52).

A formação psíquica do humano é uma via longa, a princípio basicamente sensorial, e a formação do complexo do eu, potencialidade arquetípica presente já no útero materno, é construída na relação com os cuidadores e só através dela.

Alguns autores se referem de modo especial à égide da relação no desenvolvimento do eu: "O Processo do Desenvolvimento depende da interação entre a prontidão arquetípica e um ambiente facilitador". (JACOBI, 2010, p. 60). Di Loretto afirma que "O ego será conquistado pela única alternativa possível: em uma relação humana que o induza de fora...este processo é desenvolvido a partir e com o outro... A conquista da identidade, por meio de uma relação humana é a via única, obrigatória e inexorável (2007, p.36). Na reflexão de Maturana o humano se forma humano somente e tão somente entre os humanos. Jung não deixou de enfatizar que o processo de Individuação não se dá na mais profunda solidão de deserto, mas, entre as relações.

Dar limites, pensando no desenvolvimento psíquico, é ajudar este processo natural. Na verdade, diria que o Limite, em letras maiúsculas, é um arquétipo presente na constelação psíquica do homem. Como esclarece Margareth Wilkilson:

O lado direito do cérebro humano está *on line* desde o nascimento e o cérebro do bebê responde às interações saudáveis com outra mente-cérebro e isto gera um crescimento das relações neurais. O lado direito é relacional por natureza. Desde bebê atuamos sobre o nosso meio e sofremos a atuação proveniente de nosso meio (2010, p.24, trad. livre).

Quando elaborava meu texto final de minha monografia, deparei-me com um texto gnóstico que ancora esta ideia mítica do limite. Resumindo a história: no começo havia o Proto-Pai, o Abismo. Era Inatingível, Incompreensível e Solitário. Pensou emanar de Si-Mesmo o começo de todo o Universo, e lançou algumas sementes, formando o Pleroma Inicial. Dentre estas, só havia uma que podia compreendê-lo e chegar perto dele, era Nous (a inteligência). Todos os outros seres gerados não podiam contemplá-lo ou compreendê-lo. Deviam cumprir sua parte na Criação e organização do Universo, mantendo-se distante do Proto-Pai. Mas Sophia, a mais jovem e curiosa, teve um impulso incontido para contemplá-lo. A ordem deste círculo sofreu uma perturbação. Esta só não foi rompida por um ser denominado Limite, nome original na estória, não pertencente às sementes originais, mas um ser que ajuda na organização total do Pleroma. Ele a impediu de seguir o seu desmedido desejo.

Gostaria de chamar a atenção para um ponto curioso desta estória tão antiga: Sophia, a mais jovem das sementes, é curiosa, destemida e audaz. Ela contém a possibilidade da transgressão, do impulso novo, do criativo. A própria proto-organização contém a possibilidade da desorganização, do desafio à ordem estabelecida. Penso que dar limites é uma arte muito delicada, repleta de tentativas e erros, pois algo que possa ser organizador pode também ser completamente castrador. Viver é muito perigoso.

Retornando ao mundo dos humanos, proponho colocar o Limite (o dar limites) como uma instância arquetípica, um gesto procedente de instâncias profundas da psique, acolhidas pelo ego, podendo proporcionar momentos de criatividade, inovação e segurança.

A este limite que é estruturante, proponho algumas analogias que ajudam a entender o processo de desenvolvimento e terapêutico em particular: o vaso alquímico e o símbolo atrator.

Um dos objetivos das operações alquímicas, cuja finalidade é a transformação da matéria vulgar em matéria nobre, é a criação do princípio da ordem na massa confusa. Estas operações necessitam de um vaso para conter a matéria que sustenta, que mantém o calor durante o tempo necessário, para que o processo ocorra; segundo os alquimistas, o vaso contém o processo e ele mesmo é o próprio processo.

Dar limites é constituir um espaço diferenciado nas relações, é torná-lo fundante, é propor um contorno aos relacionamentos para que possam ser produzidas transformações necessárias a estas relações, para que o potencial arquetípico presente possa se manifestar, um novo símbolo ter espaço para surgir e o desenvolvimento potencial se manifestar.

A criança necessita desta presença consistente e constante (a mãe suficientemente boa de Winnicott) para poder estar segura e lançar-se à vida sabendo que o cuidador estará presente e esta presença não será destruída pela sua voracidade e volúpia. Este contorno dado irá auxiliar a criança a constituir os seus próprios contornos. Não estou falando necessariamente de transmissão de valores mas de uma afetividade presente no aqui-agora diário da relação, consistente ao longo do tempo. "Paciência e perseverança" são necessárias para que o processo alquímico ocorra, diziam os alquimistas.

Nestes gestos de dar limites percebi, no consultório, e provavelmente isto ocorre em toda relação amorosamente consistente que, para muitas crianças, novos espaços nas relações e novos espaços internos surgem, símbolos se propõem (nas imagens, nos sonhos, nas brincadeiras, nas estórias contadas) e uma reorganização torna-se possível. São momentos de tensão, momentos de encontro: críticos e transformadores. Nestes, a força motriz transformadora é a própria relação com todo o campo transferencial e contra transferencial presentes, tudo isto se dá dentro do vaso construído. "Às vezes, a qualidade da voz do analista é mais importante do que a força semântica de suas interpretações". (WILKINSON, 2010, p.32).

Um grupo de Psicanalistas de Boston (Change in Psychoterapy, 2010, Norton &Company) fez um estudo longo buscando compreender a força motriz de seu trabalho, baseado nas interpretações das defesas inconscientes vividas durante a análise. Foram buscar antigos clientes que permaneceram um longo tempo em terapia e perguntaram sobre lembranças significativas de todo o processo. Para surpresa dos profissionais, o que havia permanecido de forma consistente na memória das pessoas foram os momentos dos encontros afetivos e não suas interpretações, os gestos emocionais trocados (positivos ou negativos). "Alguma coisa a mais" é o nome de um dos artigos gerados nesta reflexão. Eles perceberam que a interpretação e a tomada posterior de consciência eram necessárias na terapia psicanalítica, mas não suficientes para que houvesse transformação, mudança. Denominaram: "Saber Implícito Relacional" um fator que opera normalmente fora do campo verbal consciente. Há um campo intersubjetivo constituído na presença da relação paciente-terapeuta, uma forma de relacionamento diferente daquela no qual representações semânticas são elaboradas através das interpretações verbais. O corpo e os afetos estão tão presentes quanto o verbo e sua força semântica. Nós junguianos diríamos que, na relação paciente-terapeuta, forma-se um campo intermediário, um terceiro, nas vivências transferenciais. A relação se dá no campo do brincar, segundo Winnicott, um vaso que contém um material passível de ser transformado, sob a égide destas vivências corporais-afetivas.

Na relação terapêutica, ao criar este espaço, por vezes uma tensão ocorreu, proporcionando o aparecimento de imagens, vivências, sincronicidades, que denominei de "símbolos atratores, força propulsora do "brincar vivido", criando uma nova narrativa, com repercussões no próprio brincar e também no espaço interno do terapeuta e da criança.

Vou resumir dois casos que exemplificam a força transformadora do limite dado. Darei o nome de André a todas as crianças e jovens dos exemplos dados a seguir. Gostaria de agradecer-lhes e a seus pais terem me permitido ser testemunha de seus caminhos vividos. Sem eles, esta reflexão e minha vida profissional não teria se realizado.

André era um menino com 7 anos de idade, irmão mais novo de outros dois irmãos, filho de dois empresários bem-sucedidos e muitíssimo ocupados. Os pais o levaram à terapia porque ele não conseguia acompanhar a escola em que os mais velhos estudavam, e tinham excelentes resultados. Ele havia mudado para uma escola "mais fraca" para não repetir de ano. O pedido do menino era que eu o ajudasse a melhorar para dar conta do pedido dos pais; este era também o seu desejo. André era solitário, tinha poucas e distantes relações, pouco duradouras. Era arrogante, onipotente, mandão, desafiador e, ao mesmo tempo, transmitia fragilidade e tristeza. Tinha sonhos muito conflituosos, que provocavam muito medo nele. Por exemplo: "Um vampiro habitava as fundações do prédio onde morava e ameaçava mordê-lo à noite". Nas sessões fazia desenhos e construções de casas sem portas nem janelas. Ele estava tão voltado para si, que não percebia a característica sufocante destas construções e das imagens e estórias que produzia. Depois de muitos meses percebeu e disse: "as pessoas destas casas devem ficar com falta de ar lá dentro" e começou a produzir imagens "com mais ar dentro". Ao mesmo tempo, nossa relação tinha uma característica muito particular que se repetiu durante meses a fio: quando ele chegava não queria entrar na sala de terapia, e quando acabava, não queria sair. Eu entendia isso como um "convite" para nossa relação; "convite feito, convite aceito". Eu por vezes ficava irritado e aí ele mostrava seu lado tirânico, sádico, que precisava ser lidado. No final da sessão descobriu que podia prolongá-la, não queria sair e a cada sessão ele estendia um pouco mais este adiamento. Fazia parte do convite para a relação. Até onde eu iria? Percebi que não haveria outro jeito. Teria que pegá-lo no colo e levá-lo para fora, retirá-lo da sala. Ele, a princípio, me xingava, esbravejava, chutava, se debatia, e eu tinha que levá-lo até lá embaixo, descendo uma escada íngreme com energia e cuidados para que não nos arrebentássemos lá embaixo. Toda a sessão transcorria com a mesma qualidade. Suas casas começaram a ter cada vez mais janelas, portas abertas, às vezes. E ele foi encontrando outras construções possíveis, até descobrir a possibilidade de construir um labirinto, símbolo do inconsciente, no qual ele pode construir uma estória heroica. As saídas da sala, depois de meses, foram mudando suas características: ele continuava me convidando para carregá-lo, mas cada vez com menos brigas e, cada vez mais, com um faz de conta de briga. Ele só queria ser carregado no colo. Ao invés da rigidez inicial, seu corpo foi ficando mais molinho. Eu denominei estes momentos de "brinca-lutas". No labirinto construído, que ele encheu de cola preta e branca (o mar preto e branco), habitava um monstro, o Monstro do Pinto Grande, que guardava uma Princesa que necessitava ser liberta por ele, André, símbolo de sua alma aprisionada. Ao convite inicial aceite da luta, houve uma enorme tensão (foram quase sete meses nestes encontros) e o aparecimento de um símbolo e um mito vívido. O limite dado, o convite aceito para este tipo de relação, foi continente para que houvesse uma transformação.

O segundo André tinha seis anos de idade, era um menino filho de uma mãe brasileira e um pai inglês, separados; ele vivia na Europa e ela aqui no Brasil. O pai quase nunca via o filho que sentia muitas saudades e falta de vê-lo. Ela era muito preocupada com o menino e com sua vida. Mulher belicosa, sem amigos, trabalhadora, mas com dificuldades financeiras, parava muito pouco em cada emprego por uma dificuldade de lidar com regras, limites. Havia brigado com toda a sua família, vivia muito só, fixando-se muito na relação com André. Era muito impaciente, interferia no trabalho terapêutico, pressionando o menino para que melhorasse, para que resolvesse suas questões. Ele tinha dificuldades para ter amigos na escola e no condomínio em que vivia. Possuía fantasias eróticas que preocupavam muito a mãe: "queria beijar na boca, fazer amor". Era muito ligado na mãe mas, ao mesmo tempo, tinha muito medo que ela o retirasse de nosso trabalho. Na terapia às vezes era colaborativo; por vezes, desafiador; era muito inteligente, criativo, quando não se sentia pressionado. Gerava estórias de viagens que invariavelmente aterrissavam no país onde o pai morava. O trabalho seguia seu curso em seu próprio tempo mas que não era o tempo da mãe, que o ameaçava retirá-lo se ele não parasse com suas "viagens' e com suas fantasias sexuais, ou se não fizesse determinado dever da escola.

Segundo um dizer alquímico: "E sabei que este caminho é longuíssimo, portanto é necessário ter paciência e perseverança em nosso magistério". A mãe e eu tivemos uma sessão na qual eu, claramente, tentei mostrar que suas intervenções, daquele modo, não ajudavam; seu filho precisava do tempo dele para poder lidar com suas questões, necessitava de tempo (haviam decorrido apenas três ou quatro meses de trabalho) para poder compor uma dupla comigo. O limite foi dado à mãe e, neste caso, produziu efeitos no trabalho com o menino (ao menos naquele momento). Sincronicamente, na sala de ludo, houve uma transformação na qualidade criativa de André, naqueles dois meses de paciência e perseverança. Ele gostava de fazer pipocas (de panela não de micro-ondas). Lidava com o fogo, colocava os ingredientes dentro da panela, esta limpa, areada, colocava sal, açúcar e saia sua pipoca doce ou salgada, colorida ou não, que ele comia com prazer. Na sessão seguinte à conversa com a mãe ele viu, inesperadamente, sincronicamente, que havia uma outra panela, que sempre estivera lá, ao lado da outra; uma panela suja, queimada, que eu denominava de panela da estripulia. Ela também podia ser usada, mas eu não deixava ingerir o que era produzido nela, por motivos óbvios. A panela da estripulia, aqui, eu vejo como um símbolo atrator, vindo à consciência após a mudança de clima conseguido na conversa com a mãe. Ele perguntou se podia usar "aquilo", eu disse que sim, explicando a única limitação. "Mas posso fazer qualquer coisa?" E eu disse que sim. Ele começou a "criar" novas experiências, muito menos comportadas e óbvias; além de pipoca, colocava gravetos, fósforos queimados, giz. Eu era o assistente que o ajudava a achar novos ingredientes e ele fazia aquelas receitas com muita alegria, diferentemente da "pipoca comportada" da outra panela. O clima daquelas sessões era outro: ele estava muito mais envolvido com sua produção, ficava quase o tempo todo em silêncio, parecia gestar algo. Ele me pediu para registrar uma receita, a receita do André, com estes ingredientes, (ditando com uma entoação e um tempo na fala muito particulares):

"Madeira de árvore desconhecida; folha de árvore conhecida; óleo, chocolate em pó, água, duas pitadas de sal, dois dedos de tinta verde, fósforo de fogão, um pouquinho de cheiro ruim.....(hesita) cheiro de pum (dá uma grande risada bem alta) um palito de fósforo queimado, e..... um pouquinho de xixi (ri novamente).

Um ambiente externo acolhedor proporcionou tempo e espaço para o acesso a um impulso criativo e para chegar mais perto de uma possível transformação de suas ansiedades básicas. Infelizmente a mãe não tinha este tempo, voltou a pressionar e o retirou do trabalho cinco ou seis meses depois de iniciado.

Nos dois casos relatados existe alguma semelhança na estrutura psíquica destas crianças: inteligência preservada, contato com o mundo externo e interno, acesso ao código social, acesso ao mundo simbólico (às vezes com grandes dificuldades mas de origens psicodinâmicas). O primeiro era extremamente voltado a si mesmo, envolto em sua solidão onipotente; o segundo estava ansioso na busca de um pai inatingível e na tentativa de lidar com uma grande ambivalência: o amor e o medo de uma mãe impaciente e invasiva.

São crianças que possuem a possibilidade de criar vínculos, de ter acesso ao seu mundo simbólico, criativo, de ter contato com o mundo do outro, ambos com capacidades imaginativas, com a inteligência preservada. Viviam em um mundo colorido, vivo, os dois em alguns momentos viviam estas cores, ou ao menos tinham a esperança de chegar perto destes mundos. Os limites dados na relação terapêutica ajudaram a aumentar o seu horizonte, a saírem de um mundo asfixiante e a projetarem-se em um caminho de expansão. Alguns símbolos atratores surgiram e conduziram a relação terapêutica e a relação do jovem com seu mundo, a novos portais.

Há crianças que convivem, muitas desde o nascimento, por uma imposição genética, biológica, ou também contextual, com "limites que a própria vida dá" ou, como respondi aos pais de uma criança com sérios limites de inteligência e dificuldades de contato com o mundo: "Porque Deus quis." Eram pais muito amorosos, presentes, mas preocupados que tivessem sido responsáveis pelo jeito do filho deles. Esta resposta nem um pouco científica, eu dei para tentar aliviar o meu desconhecimento e a culpa daqueles pais, que eu sabia que não era deles; crianças com características que não correspondem ao desenvolvimento adequado esperado: alguns não olham os pais como as outras crianças, têm um olhar para o infinito, não aceitam gostosamente o colo, sentindo-se mais confortáveis com uma distância; outros, quando crescem, apesar de manterem um desenvolvimento cognitivo normal ou até mesmo elevado, com habilidades por vezes excepcionais em algumas áreas específicas, possuem um distúrbio na linguagem (linguagem estranha, empolada), dificuldades no trato social, não desenvolvem um código social adequado para viver neste mundo, tendo muitas dificuldades no contato corporal e afetivo com o outro; outros nascem com um déficit cognitivo importante, limítrofes leves, com quem trabalhei, que não conseguem dar conta do currículo escolar normal, desenvolvem um déficit na aquisição de recursos cognitivos formais e emocionais, encontram limitações em suas tentativas de inserção no grupo etário que vivem, apartando-se dele (não querem mais ir à escola ou se mantém isolados, chegando por vezes a sofrer *bullying*), outras crianças ainda que não conseguem se adaptar ao mundo, vivendo como um Kevin[1], com regras próprias, sem algum limite ou adequação para

1. Referência ao protagonista do filme: Precisamos falar sobre Kevin. Adaptação do cineasta e diretor Lynne Ramsay, 2011, do *best seller* homônimo de Lionel Shriver. Produção Ingl./EUA.

viver com o outro. Vivemos em um mundo extremamente exigente, sob o ponto de vista do desenvolvimento intelectual e social e esta exigência começa a aparecer desde a primeira infância, ao ir para a escola, o primeiro contato com o mundo fora do ambiente familiar. Pessoas que se sentem estranhas no mundo e são tidas como estranhas pelo mesmo mundo, exigem um trabalho de inclusão para tentarem se sentir pertencentes. Se eu pertenço, Eu-Sou. Jung afirmou que o processo de individuação não se dá no deserto, mas neste mundo das relações. Aquelas são crianças que necessitam ser cuidadas em sua singularidade, precisam ser estimuladas desde muito cedo para poderem desenvolver o maior potencial possível, necessitam que suas limitações sejam acolhidas e serem acolhidas com elas por seus cuidadores mais próximos e, se possível, pelo mundo. Suas limitações são dados de sua existência; se as negamos, não as estaremos vendo como são e nem as ajudaremos a se verem como são. Isto está longe de um conformismo piegas. É a dura realidade destas pessoas e de seus pais. Estamos agora, a princípio, distantes das duas pessoas anteriormente mencionadas, regidas pelo arquétipo criativo. Segundo Craig, estamos lidando em alguns momentos com o que ele chamou de Arquétipo do Inválido. A limitação é um potencial arquetípico. Ele traz as informações potenciais destas limitações humanas e, ao lidar com estas pessoas, nós também temos que entrar em contato com este arquétipo, entendê-lo, acolhê-lo; ele propõe um tipo de relação diferente; se a aceitarmos, poderemos lidar e ajudar estas pessoas como são. Atendi poucos casos, mas refleti sobre eles, na medida que fizeram parte de minha clínica ao longo destes muitos anos e ainda fazem.

André chegou ao meu consultório com 17 anos. Desenvolveu um quadro epilético grave quando criança, causado por uma hidrocefalia, epilepsia controlada com muito esforço pelo neuropediatra que o acompanhava; tomava medicações fortíssimas, tendo sido diagnosticado com um quadro no espectro de autismo (na época Asperger) com uma característica peculiar: tinha uma inteligência limítrofe leve. Conseguia aprender com muitas dificuldades, tinha uma linguagem pobre, muito literal, limitação que, por vezes, ele também percebia. Não possuía amigos, por causa de seu jeito estranho e sua dificuldade em lidar com o outro, pois não tinha em seu repertório os códigos sociais necessários, não captava os subtextos que apareciam nas conversas. Acabava sendo muito ingênuo. Sentia-se estranho no mundo, tinha percepção suficiente para perceber esta estranheza que causava, o que era muito temerário ao se ver sem nenhuma saída. Os pais, muito dedicados, o haviam estimulado desde criança e tinham uma expectativa alta, que ele pudesse ter uma independência e um dia pudesse cuidar de si. Quando eu o conheci, foi ele quem marcou horário e foi sozinho ao consultório. Este era o jeito dele e dos pais de o colocarem no mundo. Eu o atendi por cerca de dois anos junto com um trabalho de AT. Ao fazer dezoito anos, eu o parabenizei, e ele retrucou: "Parabéns por que, para que? Eu não posso beber, não poderei dirigir, nunca tive amigos, não entendo direito o por quê, mas não consigo, me acho diferente de todos e todos me acham estranho, não consigo aprender como todos...Não é fácil, Paulo." Conversávamos sobre tudo, mas era diferente das conversas que tinha com outros jovens de sua idade. Eu me sentia um tradutor de algumas situações sociais e emocionais que, espontaneamente, ele não compreendia, códigos sociais e emocionais que ele não possuía e que naturalmente não apareciam para ele e que, paulatinamente, ele aprendia racionalmente, colando alguns padrões que "aprendia" comigo, ou com o AT, ou com os pais que tinham um tempo longo para estar com ele, e ensiná-lo. Às vezes ele trazia algumas conversas com colegas e estas eram traduzidas e aprendia alguns padrões da linguagem que ele não desenvolvia sozinho. "Acho que fui muito literal agora, não fui Paulo?", ele conferia comigo se sua percepção estava ou não correta. Tinha um afã de viver, de pertencer ao mundo, de se sentir autor da própria vida, tanto quanto qualquer pessoa que eu atendia. Mas eu tinha que perceber que um trabalho com imagens, símbolos vindos diretamente do *Self* pareciam estar interrompidos; ele as apreendia racionalmente, dentro das limitações intelectuais que possuía. Este trabalho eu também fazia com os pais. Eles também tiveram que aceitar como André era e transformar os próprios sonhos para com este filho. O pai uma vez disse: "É estranho, mas às vezes eu percebo ele falar como eu falo, como um clone de alguns gestos, de algumas falas minhas!" Eu, Paulo também, a princípio estranhei, mas depois falando com outros profissionais com experiência, percebi que era deste jeito que ele iria se inserir no mundo. O vaso era constituído principalmente pela sua força de vida, na utilização que tentava fazer de seus recursos, o acesso às minhas emoções e aos símbolos que iam surgindo durante o trabalho e, principalmente, pela escuta atenta as nuances de linguagem que íamos construindo, no aprendizado racional dos códigos sociais e emocionais que ele introjetava. Ele crescia através e com o outro e, talvez, fosse viver deste modo a vida inteira.

André tinha dezesseis anos quando os pais me procuraram pedindo que fizesse um diagnóstico requerido por uma Psicopedagoga. Era muito agressivo na escola, já havia repetido algumas vezes, estava bastante atrasado para sua faixa etária, não respeitava as regras impostas pelos professores. Gostava de filmes de luta, combates, terror. Tinha medos noturnos, sonhos terríveis que o faziam procurar a cama da mãe à noite (o pai havia falecido). Seus desenhos e estórias eram muito pobres, contidos, pequenos na folha, o texto apenas descritivo, sem vida ou movimento. Seu desejo era deixar de estudar e ir trabalhar. A escola não o atraía, apesar de gostar dos seus colegas e conviver com eles. No psicodiagnóstico foi constatado um quadro limítrofe médio, com poucos recursos cognitivos e simbólicos. Vivia em um mundo concreto, com poucos recursos de abstração, dificuldades de perceber e entender os desejos e as intenções do outro. Perguntei em que eu poderia ajudá-lo (uma pergunta que fazia habitualmente e que, com ele, definiu a propedêutica). Ele me disse: "Eu gostaria de compreender as piadas de meus amigos. Eles contam uma estória, todos começam a rir, eu apreendi que quando as pessoas riem quer dizer que algo é engraçado, mas eu não tenho a menor ideia do que esteja acontecendo. É muito ruim, dá vontade de sair correndo de lá!!!!!". Embora necessitasse trabalhar uma psicodinâmica presente, fazer um trabalho com alguém que entendesse de linguagem, levando-o a aprender os códigos linguísticos vigentes nas falas, os subtextos, era mais urgente. A vida o havia colocado em uma sociedade linguística, sem muitos recursos para lidar com ela.

André tinha quatorze anos, nasceu com uma anorexia grave, teve uma convulsão logo após o parto e algumas posteriores, que depois cessaram. Filho de um pai alcoólatra, que um mês depois foi deixado pela sua mãe, filha de pais japoneses, filha mais velha de cinco irmãs, cujos pais eram bastante rígidos, religiosos, que viviam praticamente isolados da sociedade brasileira, frequentando basicamente a colônia nipônica. O menino era muito disperso, agressivo com os colegas; desde tenra infância possuía comportamentos estranhos aos códigos sociais em que vivia. A professora disse que nunca havia conhecido alguém tão diferente dos outros. A mãe, para protegê-lo, não deixava que brincasse com os meninos da rua, deixando-o em casa enquanto trabalhava e ele passava o dia vendo televisão, programas religiosos principalmente. Ele chegou até mim depois que a escola intimasse a mãe a levá-lo a um psicoterapeuta, pois ela não via nada de errado com ele. Para ela, ele era inteligentíssimo e as pessoas o perseguiam por preconceito, apenas. Ela demorou três anos para levá-lo a mim. Durante este tempo ela marcava e desmarcava a consulta. Quando o vi, lembrei-me do Kaspar Hauser[2]: olhar desconfiado, distante; manteve algum contato comigo, uma fala coerente, pertinente, mas não demonstrou qualquer reação afetiva, qualquer sofrimento de que ele fosse consciente, repetindo a fala da mãe sobre preconceito, discriminação. No diagnóstico constatei uma baixa cognitiva, medos paranoicos importantes, diferente dos primeiros Andrés; uma psicodinâmica imperava e precisava ser trabalhada. Trazia desenhos de barragens prestes a romper, com estruturas de fundações fincadas na terra, mas que pareciam que não iriam sustentar por muito tempo a construção da superfície (infelizmente muitos anos depois soube que um surto esquizofrênico se instalou definitivamente). André não tinha acesso criativo ao mundo da fantasia, dos símbolos, apenas ao mundo das informações. Em nossas conversas ele perguntava coisas que queria saber e se eu não quisesse entrar naquela conversa, ele insistia em retornar. Ao mundo do imaginário, apesar de presente em muitos de seus desenhos, ele não tinha acesso. Na época, achei que estes desenhos indicavam uma vida simbólica rica e que, se acessada, ela poderia reorientar a vida deste jovem, em um caminho de individuação possível. O inconsciente enviava mensagens mas o ego não conseguia decodificar, não conseguia ter qualquer diálogo. A mãe relutava desde que ele era criança a perceber que o filho dela tinha dificuldades e sua atitude de negação dificultou este diálogo

2. Referência ao personagem principal do filme alemão: O enigma de Kaspar Hauser. Roteiro de Werner Hersog Jakob Wassermann, dir. por W. Hersog. 1974.

com os limites dados a ele. Sua alma gritava por socorro mas, nem ele nem a mãe, a acolhiam. Hoje eu acredito que imagens produzidas, se não puderem ser assimiladas em um diálogo criativo do eu com o inconsciente, são fontes de informação para quem procura entendê-las mas, nem sempre, para as pessoas que as têm. São seres humanos com alguma fissura no eixo ego/*Self* que impede que o diálogo com o potencial arquetípico se realize. O caminho está bloqueado a esta riqueza. A única via possível, em meu entender, seria uma aceitação completa desta realidade psíquica do André por parte da mãe e da família. Talvez pudéssemos ter traduzido melhor este mundo para ele, e ele aderir à sua realidade como é, e não como gostaria que fosse. O vaso construído entre ele e a mãe foi muito mais poderoso, mantendo-os unidos em uma ilusão que os levou ao mundo esquizofrênico, destacado da realidade.

André, com 12 anos FOI trazido pela mãe e o padrasto, para ajudá-lo, porque ele sofria *bullying* na escola e não conseguia se defender. Era um menino muito inteligente, com recursos intelectivos mais que suficientes para sair-se ir bem na escola. A primeira percepção que tive era que não fazia um contato visual durante nossas conversas, ingênuo para sua idade, contando piadas sem qualquer malícia, o que só causava estranhezas em seus colegas. Ele não percebia nenhuma estranheza em suas atitudes e a mãe, muito menos. Ela era muito dedicada, amorosa e presente em sua vida. O pai vivia distante, era pouco participativo na vida do filho, de quem André tinha muito medo pela sua inadequação e agressividade. Em minhas conversas com André havia um distanciamento afetivo no olhar, um distanciamento corporal; não gostava de ser tocado, de falar de suas emoções mais íntimas. Contava do *bullying* com alguma raiva, mas era só. Eu percebia uma aderência à nossa relação, uma proximidade afetiva, porque vinha às sessões com regularidade, e usava alguns materiais com constância, às vezes é verdade, para ocupar o tempo que não sabia usar, por não ter quase nada para contar. Sua vida era muito solitária e repetitiva. Preocupava-nos muito, a mim e à mãe, tinha uma fala depressiva, um choro constante em seu quarto na hora de dormir: o *bullying* estava sendo muito forte, e ele sem recursos para lidar com aquilo. Vivia isolado na classe. Trabalhamos com a escola para tentarmos aliviar esta pressão e, com ele, construindo padrões de conduta, de linguagem, que pudessem dar conta do meio em que vivia, sem muito sucesso. Apesar de eu não perceber um diálogo possível com seu inconsciente, qualquer símbolo atrator surgindo em nossa relação, eu não conseguia fechar qualquer diagnóstico (apesar de pensar no transtorno autístico em algum grau, o que foi corroborado por outros dois psiquiatras); havia algo nele que me fazia acreditar que ele poderia "criar" uma saída própria. Dois anos depois, no meio de uma conversa sobre adequação social, sobre padrões de comportamentos nas conversas sobre meninas, sexo, conversas que ele abominava, pois o constrangiam muito (este ano, Paulo, vai ter aula de anatomia, ANATOMIA Paulo, você imagina o que é isto, ele gritava), um novo padrão de atitude apareceu. O olhar continuava distante, sua fala muito sem nuances, um vocabulário polido, este padrão continuava. Durante meses falamos sobre seu choro, suas raivas, suas noites de insônia. Na verdade, era um grande monólogo, no qual eu colocava as minhas emoções, minha experiência do que eu imaginava que ele estava passando, dos riscos que eu via se ele só guardasse para ele todas as suas vivências. Era um grande solilóquio, em que eu inventava uma fala que poderia ser dele. Ele ouvia com atenção, alguns assuntos ele barrava constrangido (quando ia falar sobre sexo ele retrucava: "Você quer ir à puta que o pariu?", rindo um pouco). O vaso foi se construindo deste modo. Depois de quase os dois anos, no meio de uma fala, na qual o tema era como ele iria ser aceito pelos seus colegas, como se introduzir melhor, ele disse, mais decidido: "Sou o que sou e pronto. Desculpe-me a impropriedade, mas foda-se. Se alguém quiser gostar de mim vai ter de ser do jeito que sou. Sou o que sou e fodam- se os outros!!!!!!". A intensidade da fala estava em sua linguagem, não necessariamente em sua voz ou atitude corporal. A perseverança e paciência de sua mãe, minha, dos professores, ao acolhê-lo como era, parecia dar espaço para que uma identidade surgisse com força e coerência, dando voz, dando autoria à sua existência. Lembro-me que esta fala foi um divisor de águas. Externamente nada mudou em substância; as conversas sobre adequações de sua fala, sobre comportamentos não tão estranhos ao mundo, um convite para olhar para mim enquanto falava continuavam a existir. Mas ele passou a Ser, a se sentir autor da própria vida e, em parte, sua estranheza não ficou mais tão presente.

Os primeiros dois Andrés criam vínculos em suas vidas ou, pelo menos, possuem esta possibilidade mais preservada, recursos cognitivos e emocionais presentes, um acesso ao imaginário criativo, um acesso ao espaço do brincar presentes desde o nascimento. O contato é mais colorido, vivo, a imagem que Jung utiliza, em A Psicologia da Transferência, do quatérnio, com os diálogos vários entre consciente/inconsciente, pode ser usada como metáfora de relação.

Estes últimos quatro Andrés parecem diferentes, principalmente os três primeiros. Cada um com suas próprias características psicológicas, mas com algo em comum, ao pensar a relação terapêutica: o ego não tem uma relação criativa com o *Self*. Este caminho está fissurado, permitindo pouco ou nenhum diálogo via imaginário, via campo intermediário, campo das ilusões, do brincar. Em uma dessas pessoas esta característica se apresenta, por ter sido invadido por uma força arquetípica intensa e o ego teve que criar defesas poderosas para tentar manter um mínimo de estrutura de um eu no mundo, a fim de preservar sua identidade. Os outros, por possuírem uma característica autista que limitava seu contato com o mundo externo e com seu mundo imaginal, tinham um contato racional com o mundo, um com recursos intelectuais maiores que o outro, construindo comportamentos emocionais por uma via racional, colando padrões e os internalizando, o terapeuta funcionando como um tradutor ou às vezes como fonte de novas informações. Aquela imagem alquímica usada por Jung como metáfora do trabalho analítico, metáfora da relação entre consciente e inconsciente, relações cruzadas, aqueles gradientes de orientações diversas entre a consciência e o inconsciente estavam fissurados em alguns deles. As informações não fluem por lá. As emoções que eu vivia, as reações corporais que eu tinha, eram orientadoras para entender o que se passava e o que deveria ser feito. Eles precisavam desta tradução e talvez necessitem dela a vida inteira, feita no contato com as pessoas com quem convivam. O trabalho nas sessões era, grande parte das vezes, bastante concreto, ajudando a formação de um ego mais adaptado ao mundo em que viviam, e também, ajudando que eles se entendessem e se percebessem do jeito que eram: "eu sou assim e as pessoas que quiserem gostar de mim terão que me aceitar como sou", como disse o último André. Eu tenho que perceber as características destas pessoas e aceitar o seu psiquismo do modo que se apresenta. Pessoas que talvez necessitem sempre de uma certa tradução, de um certo amparo, de muletas, citando a imagem cunhada por Guggenbühl-Craig em seu livro *Eros de muletas*. O processo de individuação na presença deste arquétipo talvez, só se dará se lidarmos realmente com esta realidade.

Segundo Jung, o processo de individuação, um processo natural, próprio da constituição psíquica do humano, para algumas pessoas passa por essa aceitação, o que nem sempre acontece por parte das pessoas que não se dão conta de suas limitações, por parte de uma sociedade absolutamente exigente, por desempenho e eficiência, por parte de nós terapeutas quando não lidamos com algumas limitações psíquicas de nossos pacientes e por parte dos pais, que por vezes não suportam a limitação de seus filhos.

Cito frases de alguns pais diante da realidade de seus filhos:

"Eu esperei tanto pelo momento de gerar um filho, tinha tantos sonhos, foi muito duro perceber que muitos deles não se realizariam".

"Meu filho é a luz de minha vida. Ele veio ao mundo para que eu pudesse cuidar dele e aprender muito sobre a vida, sobre caminhos diversos, sobre o amor. Eu mudei minha perspectiva sobre o humano".

"Eu já quis desistir dele. Porque eu o tive? Minha vida fica paralisada pela sua existência".

"O que será de minhas filhas quando eu morrer? Eu não posso adoecer, não posso parar de trabalhar, de pensar em organizar a minha e a vida delas, e elas já têm filhos!!!!!"

Em todos estes trabalhos a ânsia de tornar-se Um, de pertencer ao mundo, de ser agente das próprias ações, esteve presente e foi o motor básico. Alguns jovens com diferentes recursos exigiram diferentes abordagens. O potencial arquetípico, o acesso ao mundo simbólico e ao imaginário estiveram sempre presentes: em alguns no terapeuta e no paciente, em outros com mais evidência no terapeuta, que serviu como tradutor desta força propulsora, o diálogo eu/inconsciente barrado por uma fissura de origem genética, orgânica (como hipótese, até sabermos melhor o que acontece), que barrava o acesso ao mundo imaginal pelo paciente.

Penso que para qualquer trabalho terapêutico a abertura para a escuta, ter tempo, perseverança e curiosidade é condição básica.

Walter Benjamin, em seu ensaio O Narrador, de 1936, chamava a atenção para o fato de que estávamos perdendo a capacidade de ouvir estórias, de ter tempo para passar as estórias para frente, enquanto abrimos nossa atenção maior para as informações. As primeiras trazendo uma sabedoria, uma memória ancestral, as segundas para um uso mais imediato, para uma maior "presentidade". Nosso trabalho tenta recuperar esta capacidade da escuta e todas estas crianças e jovens necessitam desta qualidade de se estar com eles para que possam se desenvolver e estar no mundo.

Referências bibliográficas

ARAÚJO, C. A. de. *O processo de individuação no autismo.* São Paulo: Memnon, 2000.

DI LORETO O. *Posições tardias: contribuições ao estudo do segundo ano de vida.* São Paulo: Casa do Psicólogo, 2007.

GUGGENBUHL-CRAIG, A. Eros de muletas (o nome do livro em itálico), Corsária, 1997.

JACOBI, M. *Psicoterapia junguiana e a pesquisa contemporânea com crianças.* São Paulo: Paulus, 2010.

JONAS, H. *The Gnostic Religion.* Boston: Beacon Press, 1963.

WILKINSON, M. *Changing minds in Psychotherapy.* New York and London: Norton, 2010.

WINICOTT, D. *Da pediatria* à *psicanálise.* Rio de Janeiro: Imago, 2000.

IMAGINANDO O LITERAL: ENTRE A COMPULSÃO E A REFLEXÃO, A BULIMIA COMO POSSIBILIDADE DE INDIVIDUAÇÃO

Luciana Ximenez

Momentos de transições e passagens carregam consigo as angústias inevitáveis frente ao universo desconhecido, incerto e duvidoso que possa se apresentar. É um lugar de conflitos, lutas internas, tentativas de autoafirmação e experiências, que acontecem entre erros e acertos, vitórias e fracassos, sucessos e derrotas, fantasias e realidades. Um terreno fértil para que complexos constelados venham à tona e se manifestem.

Nice, uma jovem em transição para a idade adulta, estudante de psicologia e bailarina, decide pedir ajuda após dois anos lutando sozinha contra seus sintomas de bulimia: imediatamente após se render ao prazer oral que a comida lhe proporcionava, entregava-se à culpa, à rigidez, à punição e ao arrependimento e provocava a expulsão daquilo que lhe havia causado momentos de satisfação e deleite.

Por ser bailarina, a perfeição de um corpo magro era exigida e valorizada em seu meio. Vinha de uma família conservadora e católica, do interior de São Paulo, e seu pai havia lhe ensinado a respeitar regras e a não se render a lazeres e diversões antes que todas as obrigações fossem rigorosamente cumpridas. O contato com seu corpo só lhe era permitido com a dança, pois sempre foi orientada a preservar e esconder seu belo corpo e a não ceder a tentações carnais.

Ao chegar em São Paulo, foi tomada pelo medo. Medo dos perigos e principalmente dos prazeres que essa cidade podia lhe proporcionar. Porém, não conseguia resistir a eles e bebia. Bebia compulsivamente, para mergulhar e poder viver a cidade. Quando o vômito não era provocado, a própria bebida assumia este papel.

O seu corpo, até seu ingresso na terapia, era o cenário para a revelação dos sintomas de seu complexo: sentia culpa por sentir prazer; vivia mergulhada no conflito entre desejo e disciplina; ser vista ou manter-se na invisibilidade; obedecer e transgredir. A compulsão era vivenciada e literalizada no seu corpo.

Durante os primeiros anos de seu processo terapêutico, Nice encontrou um namorado, um bom namorado que a acompanhava, apoiava, respeitava, e lhe impunha os "limites necessários". Foi com ele sua primeira relação sexual que aconteceu, não sem culpa, mas em meio a muitos conflitos e dores. Sua compulsão continuava, ora com maior frequência, ora com menor, mas mantinha-se presente.

Foi então que Pã, o grande deus Pã, invadiu a sua vida.

Cabe uma pequena pausa para apresentarmos tão peculiar figura. Pã possui um rosto barbudo e enrugado, de queixo saliente e expressão animalesca; a testa é ornamentada por dois cornos.

O corpo é peludo, os membros inferiores são de bode, os pés apresentam um casco fendido, a pata é magra e nervosa. É dotado de prodigiosa agilidade; rápido na corrida, trepa facilmente nos rochedos; sabe ainda dissimular-se nas moitas, onde se esconde para espiar as ninfas, ou para dormir, quando ao meio-dia o sol abrasa, altura em que é perigoso incomodá-lo (GRIMAL, 2005, p. 345).

Curiosamente, são bem raros seus mitos. Algumas lendas surgiram tardiamente, provavelmente da imaginação de poetas alexandrinos, que sentiram a necessidade de evocá-lo. Há, no entanto, um hino, dito homérico, que o celebra e conta que Pã é filho de Hermes com a filha de Dríope. A mãe, ao ver o filho monstruoso, teve medo, mas Hermes envolveu o recém–nascido em uma pele de lebre e levou-o ao Olimpo, onde foi bem recebido, principalmente por Dioniso.

Medo foi a primeira reação que este deus causou em sua mãe. Está presente desde o momento de seu nascimento e o acompanha ao longo de todo o seu mito. Note-se que o medo esteve muito presente na vida de Nice também, durante seu processo de transição ao mundo dos adultos.

A abordagem ocidental para o medo é negativa, uma vez que é interpretado como um problema moral a ser superado com a coragem. A coragem do herói, que precisa vencer os obstáculos que aparecem ao longo de sua jornada rumo ao fortalecimento do ego.

O que foi proposto à Nice em seu processo terapêutico, foi uma tentativa de nos afastarmos dessa abordagem via superação para tentarmos nos aproximar do medo de outra forma.

O próprio Jung sugere em seus *Seminários* que o medo pode ser uma via legítima por onde seguir (HILLMAN, 1972, p.58).

Diferentemente da ansiedade, o medo aparece a partir de um estímulo, que bem pode ser traduzido como o desejo da alma. Todo desejo vem acompanhado pelo medo. Hillman ousa dizer que "só se vai aonde se teme" (1972, p.58). Não com o intuito de vencer o próprio medo, mas como uma sabedoria do corpo, que nos avisa o que é realmente importante. Ele pode ser visto como um chamado para o encontro com o desconhecido, com o incontrolável, com os complexos, com o inconsciente, elevando o pânico instintual a um chamado à consciência, da mesma forma que o amor o faz. Quando a alma entra em contato com o medo e com o pânico, é revelada a sabedoria da natureza, via Pã, pois estar desprovido desta conexão com o pavor, significaria a perda do instinto e da relação com Pã.

Além da natureza instintiva que encontramos na figura de Pã, um outro aspecto fica evidenciado aqui: a necessidade de que o ego heroico, que luta pelo seu fortalecimento, ceda lugar para a construção de um ego que seja descontínuo e concebido como um padrão circular e não linear. Essa é uma tarefa extremamente complicada para os jovens que iniciam seu percurso na vida adulta. Porém, o ego forte, quando não vence, culpa e pune.

Uma das características desse novo modelo seria uma atitude do ego em que a vontade é relegada a um segundo plano e a imaginação e a fantasia são de grande importância. Seria o chamado ego imaginal, a contraparte instintiva de Pã, que aparece em seu mito nas personagens das ninfas.

A ideia de que o ego precisa ser forte para lidar com o mundo externo e não ser sobrepujado por imagens do inconsciente é uma construção histórica da psicologia. Na tentativa de se afirmar como ciência, o pensamento psicológico considerou que a fantasia não merecia confiança. O ego tornou-se definido pela razão, entendimento, intelecto e vontade. Todos esses fatores são de fundamental importância. Deveriam, no entanto, ter o mesmo peso para o ego do que a fantasia.

O filósofo Francisco Bosco (2015), ao refletir sobre o narcisismo, coloca sua opinião sobre a relação do ego forte / ego frágil:

Diferentemente do que se poderia pensar a princípio, um ego forte não é um ego sólido. Ao contrário, os sujeitos que têm uma relação mais segura com a sua autoimagem são aqueles que a têm leve, arejada, inconsistente, frágil em certo sentido. Lembremos que estereótipo vem do grego *stereos*, que quer dizer sólido. Um ego sólido é frágil porque depende todo o tempo da confirmação de sua autoimagem. Um ego frágil é, ao contrário, forte, porque não se abala facilmente com os reflexos distorcidos que o outro lhe apresenta (11/02/2015, O Globo).

Ego forte poderia, então, ser concebido como o ego que tem um certo nível de adaptação e controle da realidade, através da razão e da vontade. A adaptação do ego imaginal, por sua vez, significa poder imaginar a realidade. O ego imaginal é impelido a ser fiel a si mesmo, pois as fantasias são fruto da vida psíquica inconsciente e acompanham o indivíduo em sua trajetória.

Imaginar a realidade. Aqui identificam-se os dois lados do mesmo arquétipo: matéria e espírito; instinto e metáfora; Pã e ninfas; natureza instintiva da relação com o medo e forma imaginativa do ego se relacionar com ele. Jung situou instinto e imagem em um mesmo *continuum*, oferecendo assim uma nova entrada para o mundo de Pã. Abandonamos o modelo cartesiano de separação mente e corpo, e buscamos um modelo em que imaginação e realidade estejam unidos e assim os complexos possam ser reimaginados.

Hillman (1972, p.74) nos lembra que "comportamento é também fantasia e fantasia é também comportamento". Ela é também física, "um modo de estar no mundo" (...) "Não podemos nos mover, falar ou sentir sem representar uma fantasia". Além disso, seguindo a linha de pensamento do ego imaginal, entende-se que o comportamento é sempre guiado por processos imaginais. "O comportamento é sempre metafórico".

O pavor chega a Nice, primeiramente na forma de uma ideia: o que há para ser vivido fora deste namoro seguro, estável e previsível? O que aconteceria se eu tentasse viver fora deste lugar? A ideia cresce e não há outro caminho para ela a não ser experimentar. O que acontece em seguida em sua vida poderia ser descrito como pequenas invasões diárias de Pã, tentando desvirginar a consciência de Nice.

No mito, as ninfas são personagens virginais, de importância fundamental nas relações de Pã. São seres opostos: corpo e instinto de um lado, imaginação e reflexão de outro. Instintos formam imagens e imagens desencadeiam ações. Qualquer transformação da imagem afeta o comportamento e vice-versa. Portanto, ninfa e Pã pertencem à mesma natureza, sendo então seres semelhantes.

Em Nice, esses dois aspectos mantinham-se rigorosamente separados. A reflexão e a imaginação tinham seus lugares preservados, longe de suas pulsões e compulsões. Nice experimentou vários apaixonamentos, vários abandonos, muitas buscas e decepções. E muita bebida. Nice bebia. Em festas, em casa com amigos ou em encontros íntimos. Bebia sempre acompanhada, o que lhe permitia falar e se soltar. Quando bebia, transgredia e depois não se recordava. Nice começou a vomitar palavras.

Primeiro não se lembrava de nada do que dizia. Olhava as mensagens que havia mandado e ficava constrangida e arrependida. Ouvia suas amigas relatando suas peripécias e desacreditava do que havia feito e dito.

As palavras, as metáforas, a reflexão, as ninfas. Elas, assim como a pulsão de Pã são figuras sem nome, objetos impessoais, obscuras e desconhecidas. Porém, promovem em Pã uma atividade bastante interessante: a reflexão.

Pã tinha por hábito estuprar as suas ninfas, o que evidencia sua compulsão. Sua violenta penetração na consciência virginal da ninfa traz uma realidade nunca antes vivenciada. Insere-a na vida instintiva e a introduz na matéria.

Cabe aqui uma pequena menção ao termo estupro, usado no sentido simbólico e metafórico, como um comportamento psicológico.

Mostra a necessidade compulsiva da natureza. O tema e o mito de Pã que releva essa característica é repudiado e renegado. Compreensível por ser esse ato literal, dos mais repulsivos nas relações humanas. Mas há outra razão. A cultura ocidental associa Pã a aspectos demoníacos, que precisam ser superados. O tema do estupro, no entanto, precisa ser tratado como qualquer outro tema arquetípico, adequado à amplitude da alma.

Pã persegue as ninfas, que têm uma forma de consciência indefinida, ainda localizada na natureza, não corporificada, fora do contato e imperceptível. São seres em que sentimentos e pensamentos ainda são frios, remotos e reflexivos. Esse tipo de consciência é a que convoca Pã, o estuprador, para penetrá-la. E a experiência é de horror, que vem para iluminar. Foi assim com Nice, é assim com todos nós.

O terror gerado pela presença de Pã se manifesta por meio da fuga das ninfas. E a fuga, psicologicamente, pode se tornar reflexão, por provocar um afastamento da emoção do estímulo que constelou o complexo, sendo analisado indiretamente, via pensamento.

Afirma Jung (1916):

> Devido à interferência da reflexão, os processos psíquicos exercem uma atração sobre o impulso a agir, produzido pelo estímulo; por isso, o impulso é desviado para uma atividade endopsíquica, antes de descarregar-se no mundo exterior. A *reflexio* é voltar-se para dentro, tendo como resultado que, em vez de uma reação instintiva, surja uma sucessão de conteúdos ou estados, que podemos chamar reflexão ou consideração. Assim a compulsividade é substituída por uma certa liberdade, e a previsibilidade por uma relativa imprevisibilidade. O poder das imagens liberadas pela reação de fuga, gera a transformação da natureza em reflexão, arte, discurso, cultura e ciência (p.241).

A reflexão precisa estar vinculada ao corpo para que se manifeste e haja o despertar. Pode ser via medo, instinto ou amor. Só assim ultrapassa a tomada de consciência e pode fazer alma. Vale esclarecer o significado do fazer alma nas palavras de Hillman (1975):

> Por alma entendo, antes de mais nada, uma perspectiva em vez de uma substância, uma perspectiva sobre as coisas em vez de uma coisa em si. Essa perspectiva é reflexiva; ela media os eventos e faz diferenças entre nós e tudo aquilo que acontece. Entre nós e os eventos, entre aquele que faz e o que é feito há um momento reflexivo – e o cultivo da alma significa diferenciar esse chão intermediário (p.27).

Ao falarmos sobre Pã, Eros permanece recolhido e vice-versa. Isso porque Pã busca o instinto como forma de fazer alma, enquanto Eros busca o amor. Em nossa cultura, percebe-se uma luta entre Eros e Pã, na qual Eros é sempre o grande vencedor. Dessa forma, a superioridade do amor se impõe ao sexo, o refinamento ao estupro, o sentimento à paixão. Porém, não é possível dizer que Eros seja superior a Pã. Simplesmente uma metáfora é diferente da outra.

Com a evolução do mito, os objetos de desejo de Pã ganham nomes. E a partir daí a reflexão passa a fazer parte das experiências deste deus, freando sua compulsividade, que passa a ser simbolizada, sublimada, metaforizada, através de sua música. A música da flauta de Pã (Siringe que se transforma em flauta para se defender do estupro de Pã) é a autoconsciência que inibe e transforma a compulsão.

Aos poucos, Nice começou a gostar dos efeitos que as palavras que eram ditas, inconscientemente, tinham sobre as pessoas. E começou a sentir vontade de lembrar do que dizia. Escrevia. Escrevia *e-mails*, mensagens, *posts*, cartas. E as enviava, todas elas. Todos eram alvos de suas mensagens: *crushs*, namorados, amigas, sua mãe e finalmente seu pai.

As palavras começaram a ser vomitadas, saboreadas, lembradas, engolidas novamente e finalmente digeridas. Foi quando nos demos conta de que os sintomas de bulimia haviam desaparecido.

Pã prefere viver isolado, fora da civilização, em grutas, cavernas, montanhas. É excluído, mas não fica recluso. Incomoda, persegue e estupra. Ele representa para as ninfas o "agente perturbador", considerado por Hillman uma das funções da *anima*. Ela que, além de ser mediadora entre o que entendemos e o que não entendemos, ser representante da vida propriamente dita, da beleza e da psique, tem a função de nos lembrar o que estamos deixando de lado. Através de atos falhos, flutuações de humor, dos apuros em que nos envolvemos, aquilo que foi repudiado retorna, e o encontro com o outro, com a diferença e com o que foi deixado de lado, torna-se inevitável. Reencontrar o que foi deixado de fora significa vivenciar a multiplicidade da psique pois, quando me afasto da minha posição habitual e a dúvida aparece, ocorre uma divisão que evidencia a multiplicidade.

É claro que falar em multiplicidade da psique nem sempre é agradável e prazeroso. Por isso mesmo, muitas vezes, a constelação do complexo que ficou adormecido ou a chegada daquilo, ou daquele, que foi repudiado, muito mais se assemelha a uma invasão do que a uma visita. Assim, em determinadas ocasiões Pã (ou o analista?) necessita agir com certa violência para que aquilo ou aquele que estava tão recluso seja percebido.

Não só o analista age de forma violenta nas consciências virginais, mas a própria vida se encarrega disso: na traição de um casamento; na rejeição de um grande amor; na morte súbita e inesperada de alguém próximo e querido; na doença que muda o rumo de sua vida; em um segredo familiar revelado; em uma paixão avassaladora; nas pequenas tragédias do cotidiano. Pode vir também com uma revelação perturbadora a partir de uma imagem interna, de um sonho ou de um pesadelo. E é claro que o analista precisa, sim, conter o sofrimento que chega à sua frente. Mas acolhimento nem sempre é o suficiente.

O analista precisa transitar entre essas duas figuras arquetípicas: ora ninfa, trazendo reflexão à compulsão; ora Pã, trazendo ação à fantasia. É necessário haver um diálogo entre imaginação e corpo, entre metáfora e literalismo, entre matéria e espírito, unindo o "dentro de nós" e o "fora de nós".

Além disso, é de fundamental importância que se leve em consideração que a relação com esse deus na psicoterapia depende da história e da atitude do analista e de como o paciente expressa seu aparecimento. Muitas vezes o analista pode ter uma certa dificuldade em encontrar uma atitude apropriada ao contexto arquetípico do paciente. Ou seja, é um grande desafio se deparar com imagens que envolvem arquétipos com os quais o analista não esteja familiarizado. O perigo é que tanto analista como paciente sejam levados por Pã a entrar em pânico, o que pode ter valor de cura ou tornar-se incontrolável.

O analista precisa ser capaz de acolher a imagem que se apresenta, sendo ela de Eros, via amor, refinamento e sentimento; ou de Pã, via terror, estupro e pânico. Todas são imagens trazidas pela psique que visam a melhor relação do indivíduo consigo mesmo e com o mundo que o cerca. Agindo dessa maneira, o analista abre espaço para que se apresente o "*insight* psicológico", que poderia significar a "reconexão da fantasia com o comportamento e a dissolução do literalismo através do poder do insight" (HILLMAN, 1972, p.75).

Nice se encantou com as palavras. Deixou o mundo do *ballet* que a tiranizava e agora dança apenas por prazer. E foi aprender a falar e escrever novas palavras, em outros lugares, com outras reflexões.

Referências bibliográficas

BOSCO, Francisco. *Notas sobre o narcisismo. O Globo*, Rio de Janeiro, 11 fev. 2015.

GRIMAL, Pierre. *Dicionário da Mitologia Grega e Romana*, Rio de Janeiro: Bertrand Brasil, 2005.

HILLMAN, James. *O mito da análise: três ensaios de psicologia arquetípica*, Rio de Janeiro: Paz e terra, 1984.

______________. *Estudos de psicologia arquetípica*. Rio de Janeiro: Achiamé, 1978.

______________. *Pã e o pesadelo*. São Paulo: Paulus, [1972] 2015.

______________. *Re-vendo a psicologia*. Petrópolis: Vozes, [1975] 2010.

JUNG, C.G. *A natureza da psique*. O.C. v. 8/2. Petrópolis: Vozes, [1916] 2000.

LÓPES-PEDRAZA, Rafael. *Hermes e seus filhos*. São Paulo: Paulus, 1999.

SR. FILINTO: ASSIMILAÇÃO DO COMPLEXO AUTÔNOMO NA PSICOSE AGUDA - UM PROCESSO DE TRANSFORMAÇÃO NA CRISE PSICÓTICA

Denis Canal Mendes

Considerações gerais

Este processo é relativo à análise junguiana de quase dois anos de um adulto-jovem de 27 anos, que teve uma intensa crise emocional induzida pelo abuso de psicoativos (chá de cogumelo, *cannabis sativa* e a pílula do vento) apresentando um quadro de produção psicótica aguda com alterações da senso-percepção e ideias delirantes de autorefência, num intenso processo de desorganização psíquica.

O paciente era solteiro, residia com sua mãe em São Paulo, passou pelo concurso vestibular e iniciou o curso superior de Artes Cênicas no Rio de Janeiro. Ele começou, então, a morar sozinho; após um ano e meio foi acometido por uma intensa crise emocional e foi invadido por diversas imagens do inconsciente.

Ele iniciou tratamento e acompanhamento psiquiátrico e, após quatro meses, foi encaminhado para a análise junguiana, indicado pelo médico homeopata da família que possui um repertório clínico ampliado (trabalho com sonhos, transferência, técnicas expressivas, imaginação ativa, dirigida etc.) para acolher pacientes desta natureza.

Fill[1] esteve em processo de análise no período de 2005 a 2007, realizando inicialmente três sessões por semana e mais tarde passou para duas vezes. Concomitantemente a isso, ele manteve o atendimento psiquiátrico mensalmente com o uso de neurolépticos (antipsicóticos). Posteriormente, o atendimento foi se espaçando, tornando-se trimestral, com a redução gradual da medicação.

Percebeu-se, ao longo do processo de análise, um rapaz que era irritadiço, desconfiado (paranoia) com medo do contato social (complexos atuantes), porém com um intenso potencial energético para a vida, vida esta que estava sendo aglutinada por uma dimensão psicótica.

O mergulho em si mesmo, devido a essa unilateralidade do psiquismo e em vista de uma dimensão de desorientação psíquica com essa relativa dissociação com a vida, gera uma convulsão interna e a crise psicótica detona o sistema vigente. Aqui o psiquismo entra em colapso, perdem-se os limites, os filtros e uma enxurrada de emoções, imagens e percepções se apresentam: é a crise psicótica aguda (invasão e/ou possessão dos complexos autônomos).

O desfecho intenso fala de um "possível" prognóstico positivo, porém isso dependerá da experiência de integração e capacidade do "eu" em assimilar tais imagens e que poderemos ver nessa apresentação.

O paciente

Fill é natural da cidade de Londrina, filho "temporão", o mais novo de uma família de cinco irmãos; sendo quatro homens e uma mulher. A única mulher é 17 anos mais velha do que ele. O irmão do meio possui quadro de depressão grave de longa data e reside ainda em Londrina.

1. Nome fictício para se referir ao paciente nesta apresentação.

Sua mãe é separada do seu pai. Quando tinha 8 anos sua mãe veio pra São Paulo onde reside até hoje. Fill nasceu com seis meses e meio; cita ele "morri e nasci de novo" (sic), teve uma parada cardíaca e foi renascido com choque elétrico. Sua mãe também corria risco de vida. Ele ficou mais ou menos 48 dias em incubadora para se fortalecer e teve icterícia.

Fill foi tratado desde pequeno como uma criança mais frágil, que precisava de cuidados extras, como se tivesse uma doença grave. Existia uma fantasia de sempre ter "uma sensação de que poderia estar morto" (sic), vivenciada por ele e por sua mãe, sob os cuidados também de seus irmãos mais velhos até seus dezessete anos.

A família de Fill, segundo seu psiquiatra, era de "excêntricos", sua maioria formada por artistas e músicos; sua irmã mais velha possui título de doutorado, sendo destaque na sua área de atuação em cenário acadêmico nacional. O pai é aposentado do setor financeiro, separado da mãe, atualmente produz pães naturais em uma fazenda em Londrina junto com um dos filhos que tem problemas emocionais.

A mãe é aposentada em pedagogia, atualmente presta assessoria a escolas particulares em São Paulo. Separou-se do pai de Fill casando-se com seu tio, irmão do pai, e passa a residir em São Paulo. Mantém contato com o pai e com seus irmãos em Londrina, que vão algumas vezes ao ano visitá-lo. Seus pais mantêm uma ajuda financeira e custeiam suas despesas.

Fill entrou em contato com a sexualidade precocemente, experimentou drogas na adolescência e teve experiências bissexuais. Sempre foi um grande galanteador na adolescência, tanto no colégio quanto na faculdade, namorou e, segundo ele, se envolveu "com muitas princesinhas" (sic) tamanha era a beleza das garotas por quem se apaixonava. Segundo sua mãe, ele sempre se colocava no lugar de frágil, por ser franzino, comovia as meninas: era um grande sedutor.

Passou por momentos conturbados em sua relação com o padrasto - seu tio - durante a adolescência aqui em São Paulo e resolveu morar com o pai e o irmão em Londrina. Sua passagem por esta cidade foi num momento difícil de sua adolescência e o levou à primeira crise emocional.

O paciente teve uma boa formação educacional, sempre estudou em colégios particulares, cursou o ensino médio no Arquidiocesano. Foi aprovado em Letras na PUCSP, mas preferiu ir em busca de algo que tinha mais a ver com ele: o teatro. Foi aprovado no curso de artes cênicas na UNiRio. Por conta da faculdade acabou residindo sozinho no Rio de Janeiro, embora sustentado tanto pelo pai, quanto por sua mãe.

História Pregressa (HPMA)

Fill fez uso de maconha e inalantes durante sua adolescência em São Paulo e especialmente quando ia para casa do pai em Londrina durante as férias. Teve sua primeira crise psicótica aos 17 anos em Londrina, na casa do pai. Ele cita que nesta época fez uso de droga alucinógena (cogumelo), o que para ele foi uma experiência boa, pois se considerava tímido e tinha diversos questionamentos sobre a sexualidade; tinha dúvidas sobre a sua opção sexual (homossexualidade?). Ele cita que por conta do uso, arejou a cabeça e se soltou: "fiquei mais solto" (sic). Nessa época ele deu início a uma terapia com bases reichianas, na tentativa de recondicionar o seu corpo por ter uma sensação de dissolução.

Sua segunda crise foi na passagem de ano novo de 2004 para 2005 quando estava com colegas numa casa em Guararema. Fez uso abusivo de maconha, ácido lisérgico, cogumelo e pílula do vento. Segundo ele, "fiquei muito louco, a ponto de não saber mais quem eu era (...) uma força maior que eu" (sic), ele ficou pelado andarilhando pela cidade até ser preso. Foi solto quando sua mãe foi localizada e chamada junto à delegacia da região. Quando Fill estava sendo levado pela ambulância tentou se jogar, ele estava num estado incontrolável. Dentro desse processo, tomado pela força dos complexos, achou que todos "tinham armado contra ele" (sic) e que existia uma rede de traficantes e sequestradores que haviam levado e manipulado a sua mãe.

Desde então ele começou a apresentar interpretações delirantes de cunho persecutório, principalmente quando a casa da sua mãe foi arrombada nesse mesmo período, reativando os conteúdos do inconsciente. Nessa ocasião seus bens foram roubados e os cartões e cheques clonados. Começou a "associar" os amigos do sítio com os traficantes e invasores da sua casa. Fill cita que ficou com a impressão de que na rua todos o estavam observando e, assim, pouco saía de casa.

Também associou que a sua namorada atual, que à época usava cocaína e morava numa república, tinha ajudado nessa situação. Acabou ficando desconfiado dela, achando que ela era parceira dos traficantes que assaltaram a sua casa, o que nos traz a seguinte impressão, assim como cita Jung:

> Sob a pressão de um "*abaissement*" extremo, a totalidade psíquica se fragmenta em vários complexos e o complexo do eu deixa de desempenhar o papel principal, tornando-se um apenas dentre os outros de igual importância (...). Todos esses complexos se revestem de uma personalidade, embora permaneçam fragmentados. É fácil então compreender por que, numa tensão crônica, as pessoas se tornam intranquilas (...) (JUNG, [1939] (1990), vol. 3 §521)

Esse recorte clínico mostra a dimensão do quadro de desorganização psíquica em que se encontrava Fill, anterior à sua entrada em análise e posterior à assimilação desses complexos autônomos que, no decorrer do tratamento, foram se integrando à consciência, favorecendo um desenvolvimento psíquico que possibilitou um processo de transformação.

O processo

A análise junguiana é caracterizada por um processo dialético, um encontro emocional entre duas pessoas, que através de um contato intimista iniciam um processo de integração do material do inconsciente, fortalecendo a relação do eu consigo mesmo e com o mundo, ampliando a percepção da consciência a partir deste, favorecendo a força criativa advinda do inconsciente.

Nesse processo, camadas conscientes e inconscientes se misturam, trocando informações, emoções, experiências, percepções, o analisando vai em busca, através do encontro analítico, de uma interlocução sobre as suas aflições, medos, inspirações, sonhos, entre outros tantos aspectos envolvidos nesse processo. Nesse sentido, o encontro analítico é um lugar de transformação, onde a experiência afetiva viva em cada um de nós torna-se incipiente para o processo. O que está em pauta é a modificação e a disposição prospectiva dessa experiência. Na análise, segundo Jung, o que se processa na relação: "Encontro de duas personalidades é semelhante à mistura de duas reações químicas diferentes: se houver combinação, ambas se transformam." (JUNG, [1929] (1988), vol. 16, § 163).

Para Jung, o funcionamento psíquico é uma busca por equilíbrio;

um organismo homeostático (Jung, 1988). Quando isso não acontece, especialmente quando a dimensão do eixo ego-*Self* não está alinhado, estabelecendo uma comunicação harmônica no desenvolvimento psíquico do indivíduo, acontece uma crise; quer dizer, há um colapso psíquico. Aqui a percepção de que algo não estava indo bem torna-se presente e, muitas vezes, se literaliza, podendo ser experenciado como incompatível à consciência do eu; um complexo autônomo. Na psicologia junguiana:

> Este termo significa a capacidade dos complexos de resistir às intenções da consciência, de ir e vir a seu bel-prazer. (...) os complexos são grandezas psíquicas que escapam ao controle da consciência. Separados dela, levam uma existência à parte na esfera obscura da psique de onde podem, a qualquer hora, impedir ou favorecer atividades conscientes. (JUNG, [1921] (1991), vol. 6, §988)

Percebemos que não foi muito diferente para Fill, que estabelece uma relação de unilateralidade com o seu material inconsciente e, mais ainda, nesta perspectiva não consegue perceber que para ele existem ilhas (complexos atuantes) agindo, autonomamente, diferenciadas e não necessariamente ligadas à atuação do ego. No nosso caso, estaria abrindo uma porta para o domínio de complexos autônomos na consciência, o que levaria ao processo de desorganização psíquica. Para Jung, o processo psicótico é:

> Uma substituição momentânea da vontade da consciência do eu pela intrusão de outras séries (...) o processo subjetivo coexistente pode ser apenas aquele em que toda manifestação psíquica irrompe na consciência de modo súbito sendo experimentado como algo totalmente estranho(...) (JUNG, [1907] (1990), vol. 3, §53).

Quando essa tensão maior acontece ocorre uma emergência do

Self, o que denota a importância de uma reorientação da atitude unilateral do ego perante o material inconsciente e a experiência mundana.

Neste sentido Fill, ao longo da sua história, muitas vezes não deu atenção devida à percepção do seu material inconsciente, mas por outro lado tinha certo fascínio por estas demandas mais misteriosas. A crise o colocou em estado de atenção, de vigília em relação ao seu material inconsciente, ativou conteúdos, liberou a autonomia das ilhas fragmentárias de ideias e percepções desse mundo psíquico. Quando uma crise acontece são consteladas imagens que, como num sonho, falam do presente, do passado e do futuro.

Há uma atemporalidade nessas imagens porém sua ampliação nos reserva uma nova perspectiva, outra possibilidade. Nesse sentido, após alguns meses do início do processo de análise, Fill teve o seguinte sonho em agosto de 2005, a que se refere como um pesadelo[2]:

"Estava no sítio em Guararema onde surtei. Estava numa estrada. Existiam várias mulheres que estavam sem cabeça. Suas cabeças estavam separadas do corpo na lama. Uma mulher velha cheia de verrugas estava lá. Ela era a velha bêbada do lugar (é velha louca, moradora da região)."

Segundo Jung, todo surto psicótico pode estar diretamente ligado a uma relação de distanciamento (inconsciência) do potencial energético ligado diretamente à consciência. Existe uma relação direta entre a perspectiva da consciência e a do próprio eu, com a dimensão de receptividade do material advindo do inconsciente. Quer dizer, quanto mais o indivíduo se distancia e se torna refratário a esse plano, mais ele atua sobre a psique, produzindo conteúdos e relati-

---

2. O pesadelo constitui um sonho de alta carga emocional. São sonhos que servem para mobilizar a estrutura egoica, atender o papel de compensação da unilateralidade da psique, trazer perguntas, questionamentos, apresentam uma "tensão emocional" vivida pelo paciente entre tantos outros aspectos.

vamente atuando na consciência. Um complexo torna-se autônomo forjando energia psíquica para si.

No sonho cabeça e corpo estão separados. A relação da imagem, a fotografia da cena onírica, a temática exploratória do sonho, quando verbalizados em análise, colocam Fill em contato com os acontecimentos que já passaram e também com os que virão. O elemento feminino se mostra como potencial. Considerar o caráter simbólico dessa imagem é a grande virtude do olhar para as imagens que se apresentam.

> Um símbolo é vivo só quando é para o observador a expressão melhor e mais plena possível do pressentido e ainda não consciente. Nestas condições operacionaliza a participação do inconsciente. Tem o efeito gerador e promotor de vida (JUNG, [1921] (1990), vol. 6, §909).

O processo relacional do trabalho analítico é criar a possibilidade para que sejam produzidas imagens, símbolos que possibilitem um novo redirecionamento para o fluxo de energia psíquica disponível. Quanto mais unilateral é essa relação mais intensa tornam-se essas imagens e forças no inconsciente e mais energia estará aprisionada num complexo autônomo, prejudicando em si o desenvolvimento e a personalidade.

A transformação da consciência passa pela atitude de integração desses conteúdos advindos do inconsciente, na perspectiva de reorientar a vida vigente. Uma nova atitude consciente é necessária para que essa dimensão peculiar para vida se manifeste. Assim, no nosso caso, quando há liberação de energia presa em um complexo assimilado podemos ver o surgimento de um elemento novo e uma nova atitude da consciência.

A análise com o paciente passa por momentos de tensão, ricos em ampliação da consciência. O que ocorre aqui, já não se faz em dissociação com a vida. A crise enquanto emergência do *Self* relativiza a posição do ego e convida à assimilação dos conteúdos à consciência. É uma caminhada solitária, onde se ele se percebe atuante e pro-ativo no processo.

Ao longo desse primeiro ciclo, o paciente relatou uma quantidade expressiva de sonhos, alucinações e fantasias inconscientes sendo que, em fevereiro de 2006, teve o seguinte sonho, que mudou o rumo das coisas:

"Estava na sessão. Meu analista falava para eu ir para a França, fazer o teatro da experiência. Meu analista era mais velho e estava careca. Eu pensava sobre o que ele estava ouvindo sobre mim (...) pensava que tinha que fazer o teatro experimental. Estava convicto: o meu teatro era o teatro experimental."

Em análise percebemos novamente o caráter prospectivo do sonho, seus aspectos atuais, transferenciais e também a ponte simbólica que o sonho evocou. Outro ponto significativo do processo, evidenciado nesse momento, é o símbolo do espaço analítico, o espaço sagrado, como diz Jung: "(...) criar um *têmenos* protegido, um espaço tabu, no qual poderá vivenciar o inconsciente. Assim, seu isolamento, antes tão inquietante, é assumido e adquire um sentido e objetivo" (JUNG [1921] (1990), vol. 6, §909).

Há momentos em que o processo analítico muda para um estágio superior, torna-se algo que cria, estabiliza e transforma. Neste, Fill teve um *insight* e foi em busca dele. O sonho (inconsciente) fez um convite. Na facilitação da relação do eixo ego-*Self*, imagens inconscientes foram integradas. A atitude da consciência tornou algo simbólico em material vivo e experiencial: na mesma semana, ele começou a ensaiar uma peça teatral.

Iniciou os treinos durante o primeiro semestre, como uma atividade preparatória para se tornar *clown*. Conjuntamente com a análise, começa um trabalho numa oficina de palhaço. Ele sentiu-se vivo e mais livre em relação ao domínio do inconsciente, administrando com alguma liberdade a relação com os complexos. Esses ensaios acabaram por viabilizar-se, através da livre expressão, originando a produção e apresentação teatral do monólogo "Sr. Filinto".

Assim, há a construção de uma narrativa coerente do eu (complexo do eu), assimilando os conteúdos dos complexos em coesão de um sentido do eu (Axchmacher, 2010), promovendo integração desses conteúdos e validando essa experiencia do "ser" *clown*.

Respeitando seus recursos, Fill deu espaço para a expressividade do ator, do palhaço e, por outro lado, pôde absorver a sua dor e dar um novo sentido a esse indivíduo que sofre, assimilando e adquirindo consciência dos seus recursos e também das suas fragilidades.

Considerações Finais

O ser tem estados inumeráveis e cada vez mais perigosos.

Antonin Artaud [3]

Recordo-me quando o paciente compareceu aos primeiros atendimentos, aflito e angustiado, dizendo que "estava perdido e confuso (...) sem saber o que iria fazer no futuro (...) com medo de enlouquecer" (sic). Assim como Artaud, Fill conseguiu colocar em palavras e exprimir com tanta força essas dilacerantes vivências do inconsciente, porém atuando e ressignificando a sua experiência psicótica.

Foi na expressão artística e no seu simbolismo através do palhaço *clown* que ele elaborou profundamente seu processo de transforma-

3. Antonin Artud (1896-1948) Poeta, Ator, Dramaturgo Francês.

ção, conectou-se e encontrou alimento para sua individuação.

À luz da análise junguiana, podemos acolher indivíduos que exigem um olhar singular. Objetivar esse material inconsciente, suas forças, por vezes desgovernadas, despontencializando a energia psíquica presa nos complexos e dando vazão para essa energia represada pelo processo de congelamento psicótico é o valor impar desse trabalho. É importante acolher essa demanda, segundo a hipótese de Fierz:

> A psicose aguda pode ser processo de autocura. Antes do início da doença, existe atitude mental inadequada e desgastada, atitude habitual da consciência que já não é apropriada. Mas existe também dificuldade em renovar a consciência, motivo pelo qual o novo fator que deve ocasionar a mudança assume a forma de complexo autônomo no inconsciente. O complexo atrai para si a energia psíquica (...) com a consequente perda de energia e de confiança. O enfraquecimento da consciência no *abaissement* permite que o complexo penetre na consciência (...) a antiga ordem é derrubada (...). Os sintomas que se apresentam (...) precisam ser, portanto, interpretados sob um aspecto simbólico (...). Quando o quadro agudo retrocede, segue-se a assimilação do conteúdo do complexo (FIERZ, [1991] (1997), p.176).

Trata-se de ativar e acolher o que é manifesto pelo paciente. Fill, assim como Artaud, Nijinsky[4] e tantos outros artistas puderam dar vazão a essa força pulsante presente no inconsciente após se perderem. No monólogo, o Sr. Filinto dá expressão para a voracidade inconsciente, criativamente, num sentimento profundo da dor e da alegria de algo que se transformou. Assim é a análise junguiana, no tempo de *Kairos* algo deu e trouxe novas formas. "Minha vida é a história de um inconsciente que se realizou. Tudo o que nele repousa,

4. "O Palhaço de Deus" de Nijinsky (1889-1951), citado na palestra realizada na PUC em 11/08/2017 por Luiz Paulo Grimberg.

aspira a tornar-se acontecimento, e a personalidade quer evoluir a partir de suas condições inconscientes e experimentar-se como totalidade" (JUNG, 1975 p.19).

Enfim, foi nesse processo de expressão criativa que, através da análise junguiana, o Sr. Filinto tomou forma e tornou-se uma experiência pungente, fomentando o nascimento da carreira artística na vida de Fill.

Referências bibliográficas

AXCHMACHER, N. et al. *Natural memory beyond the storage model, repression, trauma, and the construction of personal past.* Frontiers in Human Neurocience, v. 4. Article 211, p-1-11, 2010.

GRINBERG, Luiz Paulo. *Nijinsky: A dança da Vida e da Morte.* (Monografia) São Paulo: SBPA, 1999.

HILLMAN, James. *Paranoia.* Petrópolis: Vozes, 1993.

JACOBI, Jolande. *Complexo, Arquétipo e Símbolo na Psicologia de C G Jung.* São Paulo: Cultrix, 1995.

JUNG, Carl Gustav. *Memorias, Sonhos e Reflexões.* Rio de Janeiro: Nova Fronteira, 1975.

__________. *A Natureza da Psique* (OC) vol. 8/2. Petrópolis: Vozes, 2000.

__________, *A Prática da Psicoterapia* (OC) vol. 16. Petrópolis: Vozes, 1988.

__________, *Estudos Psiquiátricos* (OC) vol. 1. Petrópolis: Vozes, 1984.

__________, *Estudos Experimentais* (OC) vol. 2. Petrópolis: Vozes, 1995.

_________, *Fundamentos de Psicologia Analítica* (OC) vol. 18. Petrópolis: Vozes, 1991.

_________, *Os Arquétipos e o Inconsciente Coletivo* (OC) vol. 9/1. Petrópolis: Vozes, 2000.

_________, *Psicogênese das Doenças Mentais* (OC) vol. 3. Petrópolis: Vozes, 1990.

_________, *Símbolos da Transformação* (OC) vol. 5. Petrópolis: Vozes, 1986.

DELGADO, Jaques (Org). *A Loucura na Sala de Jantar*. Santos: Resenha, 1991.

FIERZ, Heinrich. *Psiquiatria junguiana*. São Paulo: Paulus, 1997.

QUANDO O AMOR ACABA: DO SINTOMA DE SER AMADO AO DESEJO DE AMAR

CENAS DE UMA INDIVIDUAÇÃO AMOROSA

Marcus Quintaes

Eu que não sabia que o amor requer vigília
Raduan Nassar

"Ela foi embora e agora é para sempre".

Voz embargada, olhos marejados, mãos trêmulas, corpo mergulhado no divã, João enfim reconhece e aceita a condição que sempre relutou em admitir na história que narra para o analista e que o fez buscar uma análise: a tristeza de perceber que o amor também acaba.

João deixou de ser amado, deixou de ser o eleito amoroso de alguém, perdeu a nobre e especial condição de "amado". Caiu, foi despejado, deslocado, há uma mulher que lhe diz: "Não te amo mais".

O analista junguiano James Hillman diz que o amor acaba quando o outro não faz mais parte de nossa fantasia imaginativa. O esvaziamento da imaginação sobre o outro, isto é, reconhecer que o outro não faz mais parte da minha fantasia ou do meu mito, implica dizer que Eros não habita mais aquele lugar. João tornou-se resto de uma história que, um dia, poderia ter sido chamada de "uma história de amor" mas que, marcada pela força da neurose, da repetição compulsiva da unilateralidade, não teve forças para se libertar e fazer do encontro amoroso um lugar de individuação para este sujeito. Para João, o amor é ainda um sintoma e a possibilidade de amar ainda se encontra muito longe de ser pensada como força imperativa que produz e conduz a individuação de um homem.

Uma questão: o que pode levar alguém ao encontro de uma análise?

O que leva alguém a se submeter a essa estranhíssima situação na qual se deve falar tudo que vier à cabeça para um estranho que, sentado à sua frente, permanece em silêncio a maior parte do tempo e ainda assim o faz pagar, e caro, por esse inusitado encontro? Poderíamos dizer que são vários os motivos que levam um sujeito a buscar uma análise: tristezas, depressões, indagações sobre si próprio, dores da alma, cura de sintomas, vontade de ser analista; enfim, há uma ampla gama de respostas possíveis a essa questão.

Pergunto algo mais específico: o amor ou os desvarios amorosos podem conduzir alguém a querer encontrar um analista? Será o amor, com toda sua múltipla possibilidade de significações, ser uma força capaz de conduzir um sujeito a querer fazer uma análise? Ou mais ainda: pode um homem buscar uma análise para tentar entender o porquê de deixar de ser amado por uma mulher?

Minha resposta é sim: a experiência amorosa, seja pelo êxito ou pelo viés do desespero, é aquela que tem o poder descomunal de fazer o sujeito se indagar sobre si mesmo, de se perguntar sobre as suas escolhas, rever o que sabe ou imagina saber sobre si pois, no amor, somos e experimentamos o melhor e o pior de nós mesmos. O amor é enigma a nos desafiar. Amor como deciframento.

Nesse sentido a experiência amorosa é uma experiência de estranhamento egoico, uma estranheza difícil de suportar pois, quando amo, quem ama em mim? Aqui a pergunta ganha sua condição de identidade junguiana, visto que, como Jung propõe, a personalidade não é una, unificada, homogênea; ao contrário, a psique é plural, múltipla, variada, diversificada, há uma legião de personagens imaginais em nós, há inúmeras figuras do Outro em nós e a essas figuras Jung nomeou de complexos, sombra, a*nima*, *Self*, *persona*, arquétipos de modo geral. Todos com vontades e desejos singulares. Logo, insisto na pergunta colocando-a desta vez em termos que apontam para um novo modo de questionar a experiência amorosa: quando eu amo, quem ama em mim? Não se trata de pensar no "que" amo ou "por que" amo, e sim, "quem" ama em mim, afinal?

A clínica junguiana no seu cotidiano, nos relatos míticos trazidos pelos pacientes, nos revela facetas de uma verdade muitas vezes insuportável de saber: pode-se amar algo que não se quer, o amor não é uma condição de escolha da consciência, ou seja, nem sempre queremos ou suportamos o que amamos. Há algo em mim que ama à revelia de minha vontade consciente, que se faz independente da consciência; sendo assim, poderíamos dizer que, por vezes, o inconsciente ama em lugares insuportáveis para a consciência em seus traços de identidade, isto é, para a *persona*.

O amor e seus efeitos podem fazer rasurar a máscara limpa e clara de nossa p*ersona*. Amar é sempre um susto para nossa identidade egóica pois o amor, em suas epifanias, surge na condição de estrangeiro, nômade, errante, ele vem de outros lugares em mim que ainda não conheço e nunca me pertencerão.

Voltemos a João, pois foi esse susto amoroso que o trouxe à análise.

João veio me procurar, há três meses, querendo fazer análise. Logo na primeira entrevista revelou todo seu desconforto com a situação que estava atravessando e falou, de modo lacônico e quase pungente, que nunca poderia imaginar que estaria ali, naquela situação, falando com um estranho sobre algo tão "ridículo". Ele diz: "Estou arrasado. Nunca passei por isso com mulher alguma. Ela me deixou, não me ama mais. Não sei mais o que faço."

É interessante realçar esta primeira característica do discurso amoroso de João. Para ele, amor é ser amado. Esta é a única posição que ele conhece e costuma habitar nos jogos amorosos, isto é, João é aquele que é amado. Este é seu mito amoroso, onde as posições são fixas e inalteráveis e onde o que se modifica são apenas os personagens, mas nunca as funções. Há alguém que ama e outro que é amado. E é desse lugar fixo, garantido e inabalável em sua fantasia narcísica, de que João foi despojado.

Ele narra sua história. Há um ano conheceu uma mulher que, segundo ele, "não era nada demais", mas que era uma boa companhia de diversão. Estava sozinho, tinha acabado de sair de um relacionamento por vontade própria, não queria nenhuma relação mais séria ou compromisso maior que não com o próprio descompromisso. João conta que, durante um ano, saiu regularmente com esta mulher. Era, diz ele, uma relação constante, mas fazia questão de deixar claro para ela que naquele momento era impossível exigir dele algo mais sério, como um namoro, por exemplo.

Podemos dizer que a marca desse encontro se revela em dois traços distintos: o primeiro é o modo como João deprecia essa mulher como possível objeto de um compromisso amoroso sendo que, somente depois do início da análise, pode reconhecer este fato. Quando perguntado pelo analista sobre essa mulher, ele desfilava seu rosário de críticas: ela era falante demais, exagerada demais, chamava muita atenção nos lugares, não era discreta, ria alto demais, sensual beirando o vulgar, excessivamente simpática com todos ao redor; enfim, era uma mulher que existia de um modo bastante particular, impossível de ser sustentado por João. Aqui, de modo claro e explícito, encontramos a estratégia típica do homem obsessivo frente ao objeto amado: João precisa depreciá-lo, denegri-lo, marcá-lo com o selo da impossibilidade, para que possa se proteger de ser afetado por Eros. João quer, mas não pode. É a impossibilidade de amar que está em jogo.

Outro ponto é a questão que permanece sombria e sintomática de querer ser amado. Esta mulher a quem João se refere, diz ele, o amava. Ele diz: "Ela me amava mais do que tudo". E começa a descrever com detalhes, em uma mistura de vaidade, surpresa e espanto, as inúmeras cenas onde esse amor, do qual foi tão eleito, se fez presente, verdadeiro e marcante. Essa mulher havia escolhido João como seu homem e durante um ano insistiu e afirmou seu amor por ele. De algum modo, essa mulher-amante (aquela que ama) confirma a posição sombria que João ocupa em relação à dinâmica amorosa. Ela se encaixou de modo quase perfeito no mito que sustenta a subjetividade neurótica de João pois, para ele, há que existir alguém que o ame e é desse lugar que ele se oferece para o encontro com uma mulher: como alguém que desperta o desejo de amar no outro; porém nunca, em tempo algum, nele próprio.

É essa constatação sintomática que aos poucos vai se revelando a João. A análise começa a construir, através da escuta das imagens psíquicas de sua narrativa, as metáforas e fantasias que o nortearam nesse jogo amoroso. Para João, mais importante que amar uma mulher, é ser amado por ela.

Nesse sentido afirmamos que o amor, enquanto possibilidade

de ação e de exercício, se encontrava inteiramente mergulhado na sombra psíquica do seu inconsciente. Será esta uma dimensão sombria do amor: o querer, apenas e exclusivamente, se oferecer para ser amado pelo outro?

Proponho pensar teoricamente esta questão a partir do ponto de vista energético tal como Jung formula no seu livro *A energia psíquica*. A libido está sempre presente e investida em determinados conteúdos psíquicos, diz Jung. Uma das questões que se coloca, dentro de uma perspectiva da clínica junguiana, é saber onde se encontram os traços e rastros da libido do sujeito. Onde a libido se encontra investida? Lembremos que, para Jung, a psicose encontra uma explicação dinâmica nesses termos, ou seja, trata-se de uma retirada da libido do mundo dos objetos externos e um reinvestimento da libido em camadas mais arcaicas da psique, o que justificaria o caráter arquetípico presente nos delírios e alucinações produzidas pelos psicóticos.

Proponho pensar também em uma outra possibilidade teórica: o amor como complexo ou o complexo amoroso. A paixão amorosa pode ser entendida como a manifestação da atuação de um complexo? O amor pode ser tomado como a constelação psíquica de um complexo afetivo?

No caso de João percebemos que seu complexo amoroso se presentifica sob certas imagens específicas e é coordenado por uma fantasia muito particular: a posição de ser amado. Repito: para João, a experiência do amor tem um único nome; ser amado sem ter que corresponder ao outro.

O complexo amoroso age, como bem definiu Jung, como um ladrão de energia e, nesse caso específico, de modo bastante peculiar: roubando libido disponível para a ação do exercício erótico - a prática amorosa propriamente dita – mantendo-a cronificada em uma posição passiva diante do outro e de Eros. Toda a libido de João se encontra mantida na posição passiva diante do amor, o que o impede de poder utilizá-la como força de ação em relação ao outro. O complexo atua coerente com suas duas principais características: autonomia e compulsividade.

No caso de João, a autonomia do complexo se revela nas inúmeras vezes em que, confrontado com um apelo, feito pela mulher que o ama, para que assumam uma relação, ele responde com agressividade e distanciamento. Nenhum espaço houve para que esse pedido pudesse ser escutado ou considerado por qualquer outra figuração de seu psiquismo que não o lugar constelado pelo complexo que se relacionava com esta demanda amorosa feita pela mulher. A compulsividade surge em todas as situações em que esta mulher, frustrada em seu desejo legítimo de amar, indicava sinais de afastamento ou a possibilidade de não mais continuar amando sozinha. Nesses momentos, irrompe em João o terrível medo da perda e a ameaça de não mais ter aquela que lhe assegurava um lugar - digamos, uma *persona*, que o sustentou durante toda sua vida: a posição de um homem que é amado por alguém. Como consequência desse pavor, seguem-se inúmeros presentes dados a ela, convites para viagens, acenos de compromissos estáveis e muito mais, tudo para não perder o precioso espelho narcísico oferecido por essa mulher.

Porém, como sabemos, a vida é real e de viés e sua potência é imensamente maior do que qualquer espelho narcísico; assim, certo dia, essa mulher comunica a João que não o ama mais e que o está deixando. O espelho se quebra de modo radical, a autoimagem não pode mais ser encontrada no espelho dos olhos do outro: um susto, uma surpresa, espanto e a ameaça de toda uma construção identitária ruir.

João, ao buscar a análise, se pergunta: "Como eu deixei isto acontecer? Como eu perdi alguém que tanto me amava?" O analista pontua: "E você a amou?". Fantasia infantil narcísica, fantasia típica do arquétipo do *puer*, que conduz a uma posição de recusa diante do outro, unilateralidade da consciência - um dos nomes de neurose para Jung. Há nessas sessões quase dramáticas uma explicitação da divisão que habita João. De um lado, um homem que se pergunta sobre esta estranha dor que o possui e, de outro lado, uma tentativa de esvaziá-la de sua importância, banalizá-la, ao retirar o afeto contido nestas imagens psíquicas.

Situação curiosa ocorre quando João, em uma determinada sessão, faz um comentário quase despretensioso, sussurrando um lamento que beira a queixa, a lamúria e não-responsabilidade tão características do neurótico.

Ele me diz: "Tenho que me resignar com o que houve, talvez tenha sido melhor assim mesmo, ela era muito complicada e não ia dar certo mesmo. O melhor a fazer é seguir a música do Zeca Pagodinho: "Deixa a vida me levar, vida leva eu". Ao ouvir essa frase, o analista comenta: "E quem disse que a vida se interessa por você?"

Essa frase do samba de Zeca Pagodinho, diria eu, é o avesso do que nós junguianos chamamos de processo de individuação. Peço perdão àqueles que gostam desse samba e da simpática figura mítica carioca chamada Zeca Pagodinho, mas "Deixa a vida me levar, vida leva eu" é a caracterização máxima de uma neurose, da falência de qualquer projeto de individuação, ou seja, assumir seu próprio destino, sustentar o que se é, uma condição de sujeito perante a vida e o mundo. Individuação como processo que implica coragem para bancar nossas escolhas, opções, decisões; individuação como processo de se apropriar da própria vida, a fim de sermos fiéis a nós mesmos. Deixar que a vida nos conduza é a mais neurótica e sombria das posições, em que o sujeito não se responsabiliza por seu destino, por suas escolhas, se torna refém do outro, consequentemente se colocando em uma posição de absoluta impossibilidade diante dos acontecimentos. "Deixa a vida me levar" é a máxima da vitimização neurótica e da incapacidade do sujeito de tomar nas mãos o seu laborioso processo de sustentar sua própria individuação.

Durante uma sessão, João pergunta: "Será que eu sei amar uma mulher?"

Penso que é essa pergunta que efetivamente marca, depois de três meses, o começo do processo analítico de João. Abriu-se um enigma, inaugurou-se uma indagação. Afinal, pergunta-se João: "Como se ama uma mulher?" E na transferência, diante de um analista homem, me coloca a questão: "Como um homem deve amar uma mulher?" Diante da pergunta, o analista silencia e encerra a sessão.

A criação de uma resposta a essa indagação é o convite que a análise pode fazer a esse sujeito. Não há uma resposta homogênea, padrão, uniforme, uma resposta, como disse Jung, típica do "homem da massa". A pergunta pode se desdobrar em várias outras: Os homens amam? Como é o amor de um homem por uma mulher? Há um código masculino da arte amorosa? É uma questão de gênero? Cultural? Social?

A resposta é, e sempre será, individual. Trata-se aqui de pensar em uma proposta de uma individuação amorosa. Amor como individuação. Individuação do amor.

No Volume VI das suas Obras Completas: *Tipos Psicológicos*, Jung define a individuação como um processo de diferenciação do outro externo e do outro interno. Podemos entender essa conceituação como sendo um processo que visa fazer o sujeito se diferenciar da coletividade, da "massa confusa" da sociedade, do mesmo modo como também objetiva uma diferenciação das figuras do outro interno, como sombra, *persona*, complexos etc.

Frente à pergunta "Como um homem ama uma mulher?" só resta o desafio ético de querer saber mais sobre a capacidade erótica de cada um. João, diante da sua pergunta-Esfinge, está tentando descobrir quais são suas imagens de amor, qual o seu mito amoroso. Qual a fantasia em que se encontra, em que está enredado e que atua inconscientemente diante de uma mulher?

Em análise, João já pode decifrar um dos inúmeros enigmas que o afetam. Retornando a uma das questões trazidas no início deste texto - "Quando eu amo, quem ama em mim?" – João sabe, e há que se haver com esta verdade, que nele quem ama é o homem que precisa ser amado. Assim, é o João–*puer* que repete o drama arquetípico do casal "Grande Mãe e seu filho amante", é o sujeito que faz do amor do outro por ele a condição de poder ser alguém, condição constitutiva de sua *persona*, é aquele que se oferece para ser amado, pois tem horror e pavor de ser atingido pelas certeiras flechas de Eros.

Porém é nesse ponto que João vislumbra uma possibilidade de mudança de atitude subjetiva diante dos fatos acontecidos. "Descobri tarde que a amava. Eu amava aquela mulher", diz ele em sessão. Ao se colocar diante da cena que tanto lhe causou dor – a perda da mulher que o amava – não mais na condição de vítima ou da neurótica posição de "deixa a vida me levar" e sim como alguém que quer saber de si, provido de uma coragem típica do arquétipo do herói, ele abre espaço para que novas constelações possam atuar no seu inconsciente, de modo que sua psique possa ser colocada em direção a outras imagens do amor. Abre-se a possibilidade de uma reconciliação com Eros em seu caráter mais arquetípico, Eros como um impulso de individuação, que arranca o sujeito de sua inércia e o estimula ao vir a ser. Sem a força de Eros, nada se move, a consciência é extremamente conservadora, somente Eros pode ser capaz de despertá-la e colocá-la em novos movimentos.

Sair da posição de ser amado – passivo e submisso – para a condição daquele que deseja amar, é consequência da recuperação em João da possibilidade de relação com o caráter fálico de Eros. É importante lembrar esta qualidade de *Eros*, ou seja, seu traço marcadamente masculino. Essa qualidade tem sido muitas vezes esquecida dentro do campo da psicologia junguiana, por causa da polarização entre Eros e Logos, em que o Deus é associado ao aspecto lunar e feminino. Repetindo, Eros quando aparece nos mitos e nas obras clássicas, aparece preponderantemente em um contexto masculino, como sátiro, menino, flecha, fogo, tocha, cópula. Hillman (1984) nos lembra que Eros tem conexões míticas específicas com Fanes, o portador da luz, com Hermes, o mensageiro masculino, com Príapo, a encarnação fálica, com Pã, a força masculina da natureza, com Dioniso, a indestrutível energia viva, ou seja, o princípio do amor ativo que Eros representa é masculino. Esta amplificação mítica é fundamental para a compreensão do caso de João, pois somente assumindo em si a condição fálica e masculina de Eros ele poderá amar o outro. Sendo assim, dizemos que toda possibilidade de amar é masculina, independente de o sujeito ser homem ou mulher. Eros é masculino e é a sua força de potência criativa e de função de relação que torna possível o encontro amoroso.

Lembro-me de um paciente que começava a sair com uma mulher e, assustado com a volúpia dela, disse-me sobressaltado: "Mas como eu posso sair com esta mulher? Ela ama como um homem!" E ele estava certo, pois é a essa experiência arquetípica a que os mitos fazem referência e se mantém atualizados em nossas experiências: o amor como uma experiência masculina. Por favor, não literalizem suas escutas. Não se trata de negar a dimensão feminina do amor, mas de poder imaginar que a atitude erótica que produz o encontro amoroso é masculina em seus fundamentos arquetípicos.

Impossível não nos remetermos também ao mito de Eros e Psique pois, por semelhança, João é uma espécie de Psique contemporânea. Esse belíssimo mito de Apuleio pode conter várias interpretações, mas quero me deter aqui em uma preciosa indicação que o mito nos fornece, que mais se assemelha ao caso em que estamos trabalhando. O mito nos revela que é o amor que faz a alma se mover, caminhar, buscar seu destino, realizar suas tarefas em busca de afirmar sua individuação. É por causa de Eros e pelo desejo de recuperá-lo que Psique aceita realizar as tarefas propostas por Afrodite. E não seria esse amor um dos nomes da transferência? Não é amor de transferência, o Eros transferencial, que faz o analisando querer ir saber daquilo que lhe ocorre, o atinge e o afeta? O mito de Eros e Psique se nos apresenta como o trabalho da alma – o *opus* psíquico - causado pelo desejo de Eros, o amor como causa, como possibilidade de construção de um caminho mas, intrinsecamente, amor como o próprio caminho. Como diz Hillman "Procurar vínculos psicológicos por meio de Eros é o caminho da terapia enquanto fazer alma" (1984).

João-Psique na sua construção de aproximação de Eros, demonstra e confirma a realidade arquetípica dos mitos, como Jung, Freud e Hillman tanto nos ensinam quando afirmam que o mito é algo que nunca aconteceu, mas sempre existiu, assim como a história de Eros e Psique está sempre se desenrolando em nós mesmos e em todos os lugares.

João, em uma de suas últimas sessões, trouxe algo para mostrar para o analista: um livro de Paulo Mendes Campos, chamado "O amor acaba". Conta que estava em uma livraria e que o título do livro chamou sua atenção. Pegou o livro, buscou um lugar para sentar e começou a folheá-lo. Inevitavelmente foi capturado pela crônica que dá título ao livro. Vacilante, pergunta se pode ler o texto ali, em análise. O analista oferece-se para ouvir. Ele lê e se detém nas últimas linhas da crônica, que diz:

> ...às vezes o amor acaba como se fora melhor nunca ter existido; mas pode acabar com doçura e esperança; uma palavra, muda ou articulada, e acaba o amor; na verdade; o álcool; de manhã, de tarde, de noite; na floração excessiva da primavera; no abuso do verão; na dissonância do outono; no conforto do inverno; em todos os lugares o amor acaba; a qualquer hora o amor acaba; por qualquer motivo o amor acaba; para recomeçar em todos os lugares e a qualquer minuto o amor acaba.

Diz João: "O amor acaba. Apostei e perdi. Não há mais nada a ser feito. Acho que tenho que ir adiante e tentar fazer diferente da próxima vez."

Um longo período foi preciso para que pudesse falar dela sem sentir dor e para que elaborasse o luto por sua perda. Seu mal estar foi progressivamente esvaziando-se, o que lhe permitiu a oportunidade de reencontrar-se com facetas menos dolorosas de sua vida. Com o passar do tempo, conheceu e se envolveu com diversas moças e, dentre elas, uma lhe chamou mais a atenção. Apesar da inabalável crença na impossibilidade de encontrar alguém que amasse tanto quanto amou a outra, permitiu-se e começou a namorar. Nenhuma era igual àquela, ninguém nunca seria, mas decidiu tentar.

Não era exatamente uma paixão, não exigia isso deste encontro, mas gostava dela e de sua companhia. Namoraram. O amor lhe fez bem, o sofrimento e a angústia diminuíram.

João se reconhece mais feliz, mas nem por isso abandonou a análise que, agora, caminha em uma nova direção, a um novo enredo, que diz respeito à reconstrução e superação de um mito fundamental que o sustentava e que o exilava do ato amoroso.

Através da análise e apoiado na transferência João renuncia a um lugar de reivindicação e mortificação, para começar a dar espaço a um sujeito da individuação com questões sobre o seu lugar junto ao amor e ao desejo junto às mulheres.

Eros constelado. Ponto de virada. Do sintoma de querer ser amado ao desejo de amar. João inaugura os passos de sua individuação amorosa.

Fim da sessão.

Referências bibliográficas:

CAMPOS, Paulo Mendes, *O amor acaba: crônicas líricas e existenciais*. Rio de Janeiro: Civilização Brasileira, 2000.

COBB, Noel, *Archetypal Imagination*, New York: Lindisfarne Press, 1992.

HILLMAN, James, *O Mito da Análise* São Paulo: Paz e Terra, 1984.

__________. *Entre Vistas*, São Paulo: Summus Editorial, 1989.

__________. *Re-Visioning Psychology.* New York: Harper Perennial, 1992.

__________. *Aphrodite's Justice.* Capri-Italia: Edizioni La Conchiglia, 2007.

JUNG, C.G.. *A Energia Psíquica.* Petrópolis: Vozes, 1987.

__________. *Tipos Psicológicos.* Rio de Janeiro: Zahar Editores, 1974.

MAZEL, Jacques. *As Metamorfoses de Eros: o amor na Grécia antiga*, São Paulo: Martins Fontes, 1988.

TEPASKE, Bradley. *Sexuality and the Religious Imagination*, in *Spring Journal Books*. New Orleans: 2008.

COMPLEXO MATERNO E O ARQUÉTIPO DA GRANDE MÃE: RETRATOS DE UMA RELAÇÃO ANALÍTICA

Patrícia Eugênio

Complexos podem ser inconscientes - reprimidos por causa da sensação dolorosa do afeto relacionado ou da recusa das representações, mas complexos podem se tornar conscientes e, em última análise, parcialmente resolvidos. Qualquer complexo possui elementos relacionados com o inconsciente pessoal como também com o inconsciente coletivo.

Um distúrbio no relacionamento com a própria mãe, por exemplo, pode resultar num complexo materno, um grupo de representações conscientes e inconscientes da "mãe" com uma carga emocional específica ligada ao grupo de imagem da mãe.

O arquétipo de "mãe" preexistente no inconsciente coletivo, pode aumentar, distorcer ou modificar tanto a carga sentimental quanto as representações do complexo materno dentro da própria psique. Como os arquétipos, os complexos podem ser potencialmente positivos ou negativos. O conhecimento consciente do objetivo e do afeto de um complexo pode servir para modificar suas consequências negativas, quando um estímulo particular constela o complexo, isto é, ativa as imagens e sentimentos que circundam o complexo no interior de um indivíduo.

"O complexo é como uma planta: parte dela existe e floresce acima do solo, na consciência, e parte dela se estende invisível por baixo do solo, onde está ancorada e se alimenta, fora da consciência" (Robert Hopcke).

A queixa

"Se Minha Mãe Morrer Eu Vou Me Matar".

Sua mãe estava com um câncer em estágio terminal.

Ana

Cabelos pretos, grossos e ondulados caem no ombro, mostrando sua ascendência armênia.

Olhos negros, de uma profundidade poucas vezes visitada em meu consultório. Os 19 anos mentem sobre uma alma antiga; parece carregada de outras vidas, e o número sete em romanos tatuado no pulso esquerdo, de alguma forma, dá esta dica.

Sente uma dor de mundo que se materializa na perda da mãe, mas a melancolia é velha companheira. Seus sonhos são de muita água, de invasões e enchentes, água e construção se chocam, um a engolir o outro. Suas palavras têm força e raiva também. Talvez por isso, tenha escolhido a faculdade de jornalismo. Caminha num passo forte, mas sem direção.

A infância

De Cinderela a Gata borralheira.

Crescida em meio a uma rica família, com mansão no bairro do Morumbi, férias entre a casa de praia e a de campo, Ana carrega recordações de um mundo perfeito. Seu avô materno foi um importante comerciante da cidade de São Paulo, proprietário de uma renomada rede de lojas de departamento entre anos 70 e 90. Bancou seus filhos, netos e genro até a falência da empresa, e seu consequente suicídio. O casamento de seus pais não resistiu, a família se fragmentou, o dinheiro sumiu e as dívidas apareceram.

A Mãe

Formou-se em psicologia, embora nunca tenha exercido como profissão. A vida profissional não teve grande relevância. Durante grande parte de sua vida, contou com um pai provedor que empregava todos da família, inclusive seu marido, e nunca deixou faltar nada. Após a separação, não teve nenhum namorado, dizia para as filhas que o exercício da maternidade era suficiente para preencher sua vida.

Foi do tipo “mãe amiga”, avessa a embates e limites. Não se sentia confortável neste papel de quem precisa determinar as regras da casa, da adolescência e dos desdobramentos de se ter duas filhas. Apreciava a leveza para tocar a vida, e era simpatizante do pensamento positivo. Uma unanimidade entre amigos e conhecidos no que dizia respeito à sua generosidade. Ana cita como marca registrada de sua mãe o seguinte bordão: “Com drama é mais caro”. Talvez por isso, a vida de Ana valha ouro.

O pai

O *puer*.

Seus pais são separados desde que tinha 10 anos, o relacionamento com ele sempre foi distante e conturbado. Na separação, não houve um padrão de visitas pré-estabelecido pelo casal, tampouco pensão alimentícia estipulada. O único rigor viria pela via do desejo entre pai e filhas de se encontrarem, desejo se não inexistente, raro.

Há um evidente esforço deste pai em cobrir a ausência da mãe, por exemplo ajudando as filhas com algumas contas da casa, um vínculo que fica longe de ter a força por que um pai presente durante o crescimento das filhas teria. Uma relação forjada pela total falta de opção das meninas.

A irmã

"A vida é breve, vou curtir o máximo que puder".

Dois anos mais velha, cursava o último ano de Propaganda e Marketing. Gosta muito da praia, e vai para o litoral todos os fins de semana, deixando para Ana a responsabilidade com a mãe enferma.

Em seguida à morte da mãe, mudou-se para o litoral com o discurso "A vida é breve. Sendo assim, vou curtir o máximo que puder". Porém, não se apropriou desta decisão, e cobra da irmã um estado de felicidade plena e constante, buscando aliviar a culpa de tê-la deixado sozinha em São Paulo. Entende que o bem-estar da irmã vai favorecer o seu próprio bem-estar, além de liberá-la do pedido feito pela mãe no leito de morte: "Cuide de sua irmã mais nova".

Algumas vezes mandou-me mensagens de agradecimento e um presente de Natal, sugerindo que os cuidados que supostamente deveriam ser seus eram feitos por mim. As mensagens invariavelmente eram finalizadas com "Obrigada por cuidar da minha irmã".

Uma relação tão delicada

"Se alguém soubesse metade do que você sabe a meu respeito, Patricia, eu não teria mais amigos e minha família já teria me internado". Afinal, o que sustenta esta relação de confiança na qual o analista é capaz de suportar o que os amigos e familiares não suportariam?

Ouvir minha paciente era ouvi-la em mim. O quanto de Ana existia dentro de mim? Não era preciso eu ter perdido a mãe literalmente aos 19 anos para conhecer esse abandono que ela experimentava. Minha própria carreira de paciente começou aos 17 anos e acredito piamente que grande parte da minha escolha profissional foi influenciada pela transferência: forma de amor singular e única, com linguagem própria, capaz de mover montanhas. Foi a força deste vínculo que construiu a analista em mim. Logo, receber Ana me remetia a este conceito em sua forma mais bruta; naquele momento, eu me sentia chamada a devolver o que tinha recebido em todos os meus anos de análise.

Ana convocava isso em mim, vivificávamos naquele encontro a força que o arquétipo da grande mãe evocava. O complexo materno estava constelado e uma história de cuidados começava a se desenrolar.

No início da análise, Ana sentava-se na beiradinha do sofá com a almofada no colo. Vinha às sessões duas vezes por semana, não se atrasava, não faltava. Mas era distante, e me engolia como a um remédio amargo, na esperança de ser curada.

Contava sobre seu medo de ficar louca com a morte da mãe, e acreditava fortemente que o propósito da análise era ajudá-la a não sucumbir à tristeza e cometer suicídio, um de seus grandes pavores. Sua mãe morre após 7 meses do início da análise. Neste período, ela se deixou conhecer e até ameaçou se recostar no sofá, mas sabíamos que ali era a antessala e que um outro lugar nos aguardava.

O longo abraço trocado na sessão seguinte à morte de sua mãe deu o primeiro passo dentro deste novo lugar. Encontra na análise um espaço que valida sua dor e autoriza seu sofrimento.

Viver a tristeza a seu modo, em seu tempo, foi um dos grandes desafios que Ana teve que enfrentar. Dormir até mais tarde, usar preto ou não ter vontade de sair com os amigos era visto por seu pai e sua irmã como um sinal de depressão.

Ana se confundia sobre quais eram os limites desejáveis e saudáveis de sofrimento, como se seu luto fosse uma questão de métrica. A energia estava esvaída. O conflito de não saber em qual dos mundos se sentia mais viva era sua maior tensão. O mundo dos mortos era o que chegava nas sessões; não havia espaço para qualquer criatividade, novos encontros, desejos ou qualquer relato de vida por mais corriqueiro que fosse: não sabia de suas amigas, de seus paqueras, suas provas na faculdade, o que comia, dos filmes que assistia. Conhecia apenas a profundidade do seu desespero e do esforço para sobreviver sem sua mãe.

A tristeza garante um papel que Ana custa em abandonar, o da menina órfã. O tempo passa e Ana não consegue sair desse lugar. Revolta-se contra um mundo que para ela existe apenas para esfregar na sua cara tudo o que ela não tem. A família, o dinheiro, as chances de viver sua juventude com as experiências que um jovem deve ter.

Sendo assim, este processo de análise é também uma busca da paciente pelo prazer que lhe falta na vida. Rastreia em mim e no processo um respiro de paz – uma busca por fazer alma, por libertar imagens, uma busca por Eros na condição de mito que viabiliza o amor.

Na busca pela erotização da vida e pela própria razão de continuar vivendo – uma vida machucada pelo luto materno, pelo desencontro dos prazeres – convocava em mim a paciência, o exercício constante, lento e minucioso para com uma alma que não pedia urgência de resoluções, mas continência e acolhimento.

É assim que Jung descreve os atributos do maternal em *Arquétipos e o Inconsciente Coletivo:*

> Simplesmente a mágica autoridade do feminino, a sabedoria e a elevação espiritual além da razão; o bondoso, o que cuida, o que sustenta, o que proporciona as condições de crescimento, fertilidade e alimento; o lugar da transformação mágica, do

> renascimento; o instinto e o impulso favoráveis; o secreto, o oculto, o obscuro, o abissal, o mundo dos mortos, o devorador, o sedutor e venenoso, o apavorante e fatal (JUNG, 2014).

Com o decorrer do tempo sente-se mais confortável, embora muitas vezes demonstre que gostar de mim representa uma traição à memória de sua mãe. Ainda assim, ensaia timidamente alguma proximidade.

Preciso conduzir as sessões sempre com muita atenção para não atuar em meu desejo de protegê-la; sua situação de vida e meu temperamento pedem isto o tempo todo. Seria o encontro perfeito, porém seria o fim do encontro analítico e o início de um outro tipo de encontro.

Em algumas situações percebo o risco que corremos: no primeiro Natal sem sua mãe, preparo cuscuz marroquino e *brownies* para incrementar a ceia que ela prepararia para a irmã e um casal de primos. Passo tudo em um fita vermelha e entrego como um presente de Natal.

Numa outra ocasião, trago de viagem seus chocolates preferidos. Ela me dá um chaveiro com meu nome dentro de uma estrela. Uma réplica da calçada da fama de Hollywood, está na chave do meu carro do dia que ela me deu até hoje.

Redigimos alguns e-mails juntas durante a sessão, questões burocráticas em que ela precisa enviar para advogados, ou ainda simples agradecimentos aos amigos da mãe que continuam a ajudá-la das mais diferentes formas. O flagrante delito de uma mãe lembrando sua filha sobre o exercício da gratidão.

Algo me escapava. Este não era meu jeito de trabalhar. E o que é o complexo se não uma força autônoma, não civilizada? Não só vai a festa sem ser convidado, como também rouba a cena.

Ana foi supervisionada com regularidade, não porque eu a considerava um caso difícil em si, mas porque eu me achava difícil dentro dele. Não apenas às supervisões, nas minhas sessões de análise Ana também ia comigo.

Era preciso cuidado para não infantilizá-la além do necessário. Quanto seria necessário? Não sei, era preciso tato. Olhar suas feridas de tal forma que conseguisse captar a hora de assoprar ou deixar doer – cicatrizes futuras que contariam sua história. O cenário era muito sedutor, tentador mesmo, eu diria: uma órfã em busca de uma mãe. E se a manifestação do complexo é a reação exagerada de uma situação, tudo ali me parecia "complexado".

Estamos falando de duas psiques que se relacionavam e que podiam mudar de lugar o tempo todo, onde havia mãe havia também filha e vice-versa. Por isso, encontrar simbolicamente "a órfã em mim", trouxe a humanidade necessária para a condução deste caso: éramos muitos na sessão: ela, eu e nossos complexos maternos.

Inconscientemente, apesar de toda a dor de seu luto, Ana ansiava pela separação da mãe. Seria ideal se este afastamento se desse pelas mãos da mãe simbólica, que ela pudesse viver este processo de forma metafórica, como a maioria das jovens de sua idade. Manifestar o tema arquetípico da luta do herói contra o aspecto voraz da grande mãe, e viver a separação emocional tendo a mãe por perto. Mas sua mãe estava apartada de fato e, definitivamente, estava morta. Assim, este drama arquetípico se apresentava na dinâmica de sua transferência pessoal.

> O desligamento da mãe acontece em um campo complicado. O objetivo do desligamento para uma mulher não é livrar-se de qualquer relação com sua mãe. Não é uma autonomia que se compreende como falta de vínculo. Embora até tenha à sua primeira vista, sua razão de ser (KAST, 1997).

Havia uma alternância na chama de nosso fogão alquímico, de nossa relação analítica. A aposta era em não nos imobilizarmos unicamente nas imagens de mãe e filha, perdendo toda a escala de possibilidades que a relação oferecia. A reciprocidade analítica permitiu a Ana tornar-se responsável por seus atos e se apropriar de seu lugar no que estávamos circunscrevendo nesta relação. Não poderíamos ficar amortecidas na cena da paciente abandonada em busca de um colo, e da analista protetora com desejo de proteger e acolher – esta era apenas uma entre muitas imagens que criávamos.

O grande desafio esteve em olhá-la a partir de outro lugar, e me colocar também em outro lugar. Minhas expectativas sobre ela a influenciavam, mesmo que não reveladas.

A despeito de nossos desejos, vontades ou intenções, duas pessoas que ocupam o mesmo espaço psicológico, constelado por sentimentos complementares, podem estar comungando entre si, sem necessariamente precisar demonstrá-lo.

Perceber-me neste processo e rastrear meus complexos, possibilitou abrir espaço para que os conteúdos dela pudessem circular sem pagar pedágios, e circular de forma que minhas limitações não fossem tributadas a ela. Para que respostas a respeito dos afetos que este encontro motivava pudessem se oferecer; era imprescindível ter meus aspectos sombrios devidamente identificados. Mais que isso, era uma questão de ética.

E neste percurso em que eu desaguava nela e ela em mim, obedecíamos a um fluxo onde duas psiques estavam implicadas no encontro analítico. Hoje, quando ela chega, cruza as pernas no sofá e se deixa esparramar, penso que a intimidade é resultado de um longo trabalho que permite a uma alma respirar aliviada frente a outra.

Encontros e despedidas

A venda do apartamento se aproximava. Com ela, a fantasia de esquecer a mãe, deixar suas memórias entre os tacos, dentro dos armários, a voz nas tubulações hidráulicas, o afeto na rede elétrica que já apresentava pequenos curtos circuitos.

Adeus ao teto sob o qual haviam vivido juntas desde seu nascimento até a morte da mãe, até a morte de uma parte sua. Precisava dizer oi para as futuras paredes que contornariam novas histórias, que acolheriam o nascimento de uma outra parte sua.

Ana está fazendo estágio em uma revista, e as sessões já contemplam o corriqueiro: chope com os colegas, fechamento de matéria, a chefe que é uma bruxa, o menino bonitinho que a convidou para o show.

Tenho orgulho dela, de mim, de nosso trabalho. Tenho um carinho secreto por sua mãe.

Dois Natais, dois aniversários, dois dias das mães, dois Anos-Novos, uma carteira de habilitação, o estágio em uma revista de *lifestyle*. É assim que faz a contabilidade de sua perda. Ensaiava nova despedida – a de sua identidade estudantil. Será jornalista, e sua mãe não estará lá para ver. Alegra-se, de forma pálida.

E mais um ano finda. Porém, neste *réveillon* não ficará sozinha na sacada de seu antigo apartamento vendo os fogos de uma churrascaria vizinha.

Este ano ela vai para Bahia com os amigos. Mas já avisa: "Eu não vou pra balada, tá?"

Quando estava finalizando este estudo, Ana me pediu que assistisse ao filme de nome "Livre". Este longa-metragem conta a história de uma moça que, atormentada desde a morte de sua mãe, vive às voltas com drogas e encrencas e resolve trilhar, totalmente só, milhares de quilômetros do *Pacific Crest Trail*. No caminho, seus medos e prazeres se revelam de forma poderosa, e a jornada a livra do pavor de enlouquecer e sucumbir a uma personalidade perturbada, o que a enlouqueceria. No fim, tudo isso a fortalece de maneira surpreendente. Quando conversamos sobre o filme, Ana associou a caminhada da personagem a seu processo analítico, algo que esta frase retirada do filme expressa tão bem: "Depois que me perdi na selvageria de meu luto, encontrei o caminho para fora da floresta".

Referências bibliográficas

BERRY, Patricia. *O corpo sutil de Eco*. Vozes: São Paulo, 2014.

JUNG, Carl G. A natureza da psique. *OC*, vol. VIII/2. Petrópolis: Vozes, 2011

____________. Os arquétipos e o inconsciente coletivo. *OC* vol. IX/1. Petrópolis:Vozes, 2014.

HILLMAN. *Pais e Mães: Seis estudos sobre o fundamento arquetípico da psicologia da família.* Vitale...et al. São Paulo: Simbolo,1979.

HOPCKE, Robert H. *Guia para a obra Completa de C. G. Jung*. Petrópolis: Vozes. 2012.

KAST, Verena. *Pais e filhas, mães e filhos*. São Paulo: Edições Loyola, 1997.

SOBRE OS AUTORES

Candido Pinto Vallada

Médico e psiquiatra pela Escola Paulista de Medicina - EPM/ Unifesp. Analista junguiano pela Sociedade Brasileira de Psicologia Analitica - SBPA. Membro da International Association for Analytical Psychology- IAAP (Zürich). Membro fundador da Associação Junguiana do Brasil - AJB e do Instituto Junguiano de São Paulo - IJUSP. Atual presidente do IJUSP (2016-2018). Coordenador do Núcleo de Estudos em Religião e Espiritualidade - NERE/IJUSP.

Denis Canal Mendes

Psicólogo, analista junguiano membro do IJUSP, AJB, IAAP (Zürich), especialista em saúde mental – SES, membro-fundador e colaborador da AAT (Associação de Acompanhamento Terapêutico – 2005), pesquisador do Núcleo de Estudos Junguianos - NEJ do Programa de Psicologia Clínica da PUCSP (2017) e coordenador de grupo de estudos sobre o Livro Vermelho. Co-autor nos livros: *Sonhos na Psicologia Junguiana.* Faria, Freitas e Gallbach (Org.) Paulus, 2014. *Etapas da Família: Quando a tela nos espelha.* Reis, Marfiza T. R. (Org.) Appris, 2017.

Durval Luiz de Faria

Membro Analista e didata do IJUSP, da AJB e da IAAP. Doutor em Psicologia Clínica. Professor Associado do Programa de Estudos Pós-Graduados em Psicologia Clínica da PUC-SP. Ex-Coordenador do mesmo programa. Autor de *O pai possível* - Educ/Fapesp, 2003; organizador e co-autor de *Os sonhos na abordagem junguiana*, Paulus, 2014; organizador e co-autor de *Feminino, masculino, e rela-*

cionamento amoroso, Escuta, 2016; organizador. e co-autor de *Arte, criatividade e psicologia junguiana*, Ed.BCD, 2017. Autor de artigos em periódicos nacionais e internacionais. Palestrante.

Glauco Ulson

Médico formado na Escola Paulista de Medicina. Psiquiatra. Membro fundador da Associação Junguiana do Brasil - AJB. Membro fundador do Instituto Junguiano de São Paulo - IJUSP. Membro da International Association for Analytical Psychology -IAAP.

Guilherme Scandiucci

Psicólogo, psicoterapeuta junguiano, professor universitário. Mestre e Doutor pelo Instituto de Psicologia da USP. MA em estudos junguianos e pós-junguianos pela University of Essex, Reino Unido.

Ex-docente do curso de psicologia da universidade presbiteriana Mackenzie.

Professor do Instituto Junguiano de Ensino e Pesquisa (IJEP).

Luciana Ximenez

Psicóloga clinica de orientação junguiana, especialista em estudos junguianos, Mestre em psicologia clínica pela PUC-SP. Psicopedagoga pelo Instituto Sedes Sapientiae. Atua em consultório particular desde 2000.

Marcus Quintaes

Psicanalista junguiano, coordenador de seminários sobre o pensamento pós-junguiano e psicologia arquetípica no Rio de Janeiro e em São Paulo, membro fundador do grupo LAPA: laboratório de psicologia arquetípica e editor assistente do International Journal of Jungian Studies.

Patrícia Eugênio

Psicóloga, Especialista em psicodinâmica de adultos pelo Sedes Sapientiae e Farmacodependência, pelo PRAD; membro analista da AJB (Associação Junguiana do Brasil) e IAAP (International Association for Analytical Psychology), com mais de 20 anos de experiência na prática clínica.

Paula Perrone

Graduada em psicologia e em história, é Mestre e Doutora em Psicologia pelo Instituto de Psicologia da USP – IPUSP. Analista junguiana, membro didata do Instituto Junguiano de São Paulo – IJUSP e da Associação Junguiana do Brasil – AJB e membro da Associação Internacional de Psicologia Analítica - IAAP. Docente do Curso de Especialização em Psicologia Analítica Junguiana da Unicamp. Autora de artigos e do livro *Existências fascinadas: história de vida e individuação,* Annablume/Fapesp, 2003.

Paulo Corazza

Psícólogo, analista junguiano membro do Instituto Junguiano de São Paulo - IJUSP, da Associação Junguiana do Brasil - AJB e da Associação Internacional de Psicologia Analítica - IAAP, especialista em terapia de casal e família pelo Instituto Familiae, engenheiro civil e músico.

Renata Whitaker Horschutz

Psicóloga, membro analista didata do Instituto Junguiano de São Paulo, da Associação Junguiana do Brasil, membro da International Association for Analytical Psychology, título de Teacher Member obtido em Zurique pela International Society for Sandplay Therapy.

Membro fundadora do Instituto Brasileiro de Terapia de Sandplay, coordenadora do departamento de Psicologia Infantil da AJB. Especialista em Cinesiologia,integração fisiopsíquica com base na psicologia junguiana pelo Instituto Sedes Sapientiae.

Zilda de Paula Machado

Psicóloga, analista junguiana didata, membro do Instituto Junguiano de São Paulo - IJUSP, da Associação Junguiana do Brail - AJB, da International Association for Analytical Psychology – IAAP, membro fundador do Instituto Brasileiro de Terapia de Sandplay – IBTSANDPLAY, filiada à International Society for Sandplay Therapy - ISST, ministra cursos de psicologia analítica e sandplay. Especialista em terapia de casal. Co-autora do livro *Perder e encontrar: luto e saudade na psicologia analítica*, Ed. Appris, 2012.

SATTVA EDITORA

contato@sattvaeditora.com.br
www.sattvaeditora.com.br